「食」をとおして育つもの・育てたいもの

堤 ちはる／編著

ぎょうせい

はじめに

乳幼児期は味覚や食嗜好の基礎も培われ、それらは将来の食習慣にも影響を与えるために、この時期の食生活や栄養については、生涯を通じた健康という長期的な視点から考える必要があります。

また、何を食べるかとともに、食事をとりながら、家族や友だちと食べる楽しみの共有、調理の過程を日常的に見る・体験する、様々な食材にふれるなどの経験の積み重ねを通して、子どもは空腹のリズムをつかみ、心身を成長させ、五感を豊かにしていきます。このように周囲の人と関係しながら食事をとることにより、多様な食材や味覚を受け入れる柔軟性、食事作りや準備への意欲、相手を思いやる配膳やマナーなど「食を営む力」の基礎が培われ、それをさらに発展させて「生きる力」につなげていきます。すなわち、食べるという行為を通してつくられる人間関係も子どもの心の育ちに影響することから、乳幼児期からの食育は極めて重要です。

そこで本書では、食育について、乳幼児の口腔機能、運動機能、心の発達などを踏まえた視点から考えてみました。合わせて、特別な配慮が必要な食物アレルギー児や発達障害児も含めて、多面的に食育について深めています。

本書が、乳幼児とその保護者や周囲の大人に、毎日繰り返される『「食」をとおして育つもの・育てたいもの』について、改めて考えるきっかけになることを願っています。

最後に本書の編集・出版にあたって多大なご尽力をいただきました株式会社ぎょうせいに感謝の意を表し、厚く御礼申し上げます。

堤　ちはる

もくじ

STEP 2

心と体を健やかにはぐくむ　発達段階別「食育」のすすめ

STEP 3

「食」をとおして育つ子どもとおとな

＊本書に掲載している各種URLは、本書第一刷発行時現在のものです。

STEP 1

「食」からアプローチする子どもの育ち

1 いま乳幼児の食環境は？

相模女子大学栄養科学部健康栄養学科教授　**堤　ちはる**

1　子育て家庭における食の現状

子育て家庭は時間に追われて生活していることが多いです。そのため乳幼児の保護者は、食事の栄養バランスをとること、朝食を欠食しないことなどは大切であると理解はしていても、親子共に現在病気ではない、太りすぎでも痩せすぎでもないような状態では、つい、「今日は忙しいから、明日からやろう」などと一日延ばしにして、気が付けば一週間、一か月が経過していた、という状況も起こりがちです。

食育推進会議が決定した「第４次食育推進基本計画」（令和三～七年度）では、重点課題の一つに「生涯

を通じた心身の健康を支える食育の推進」が掲げられています。生涯を通じた、とありますが、若い世代に着目してみると、他の世代に比べて朝食の欠食率が高く、栄養バランスに配慮した食生活をしている人が少ないといった現状があります。若い世代は子育てをしていたり、今後親になったりする可能性もあり、この世代の食生活が子どもに影響を及ぼすこともあります。

厚生労働省が一〇年ごとに実施している「乳幼児栄養調査」では、保護者の朝食習慣と子どもの朝食摂取状況の関連も調べています。その調査によると、保護者が朝食を「必ず食べる」と答えた家庭では、ほぼ一〇〇%の子どもが朝食を毎日食べていました。ところが、保護者が「ほとんど食べ

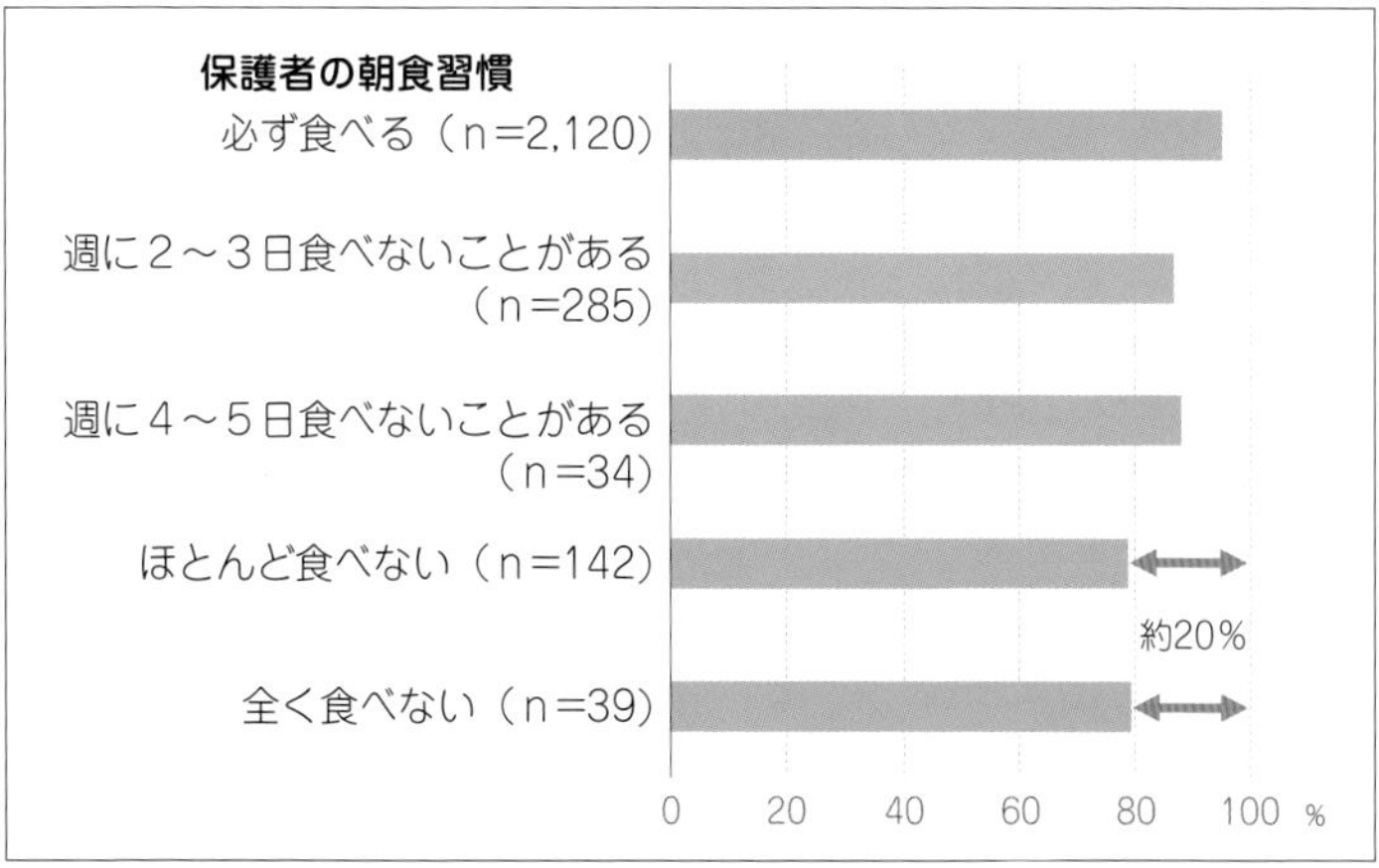

図1　保護者の朝食習慣別　朝食を必ず食べる子どもの割合

出典：厚生労働省「平成27年度乳幼児栄養調査結果の概要」2016年８月を基に作成

ない」「全く食べない」家庭では、子どもたちの約二〇%は朝食を毎日食べていませんでした[1](図1)。この調査からも明らかなように保護者の食行動が子どもの食に強い影響を与えるため、子どもと保護者の食生活支援はセットでとらえることが重要です。

さらに、若い世代(二〇・三〇歳代)における子供の頃の食生活と現在の朝食摂取との関連をみると、「子供の頃、一日三食いずれも決まった時間に食事をとっていた」人は、それ以外の人に比べて、現在の朝食摂取頻度が高いことが示されています[2](図2)。この結果からも、保護者と子ども、両方を支援する必要性が示されています。

2 子どもの食の困りごとの現状と対応

就学前の子どもの食の困りごとは、「食べるのに時間がかかる」「偏食する」「むら食い」「遊び食べ」などがあげられています[1](図3)。これらの原因はいろいろ考えられますが、間食の食べ過ぎなどにより、食事時間が空腹で迎えられないために、これらの食の困りごとが起こっている場合もあります。そこで食事時間だけでなく、一日の生活の流れの中で食事を位置付けていく、すなわち生活リズムを整えることが必要です。早寝すると、朝早く

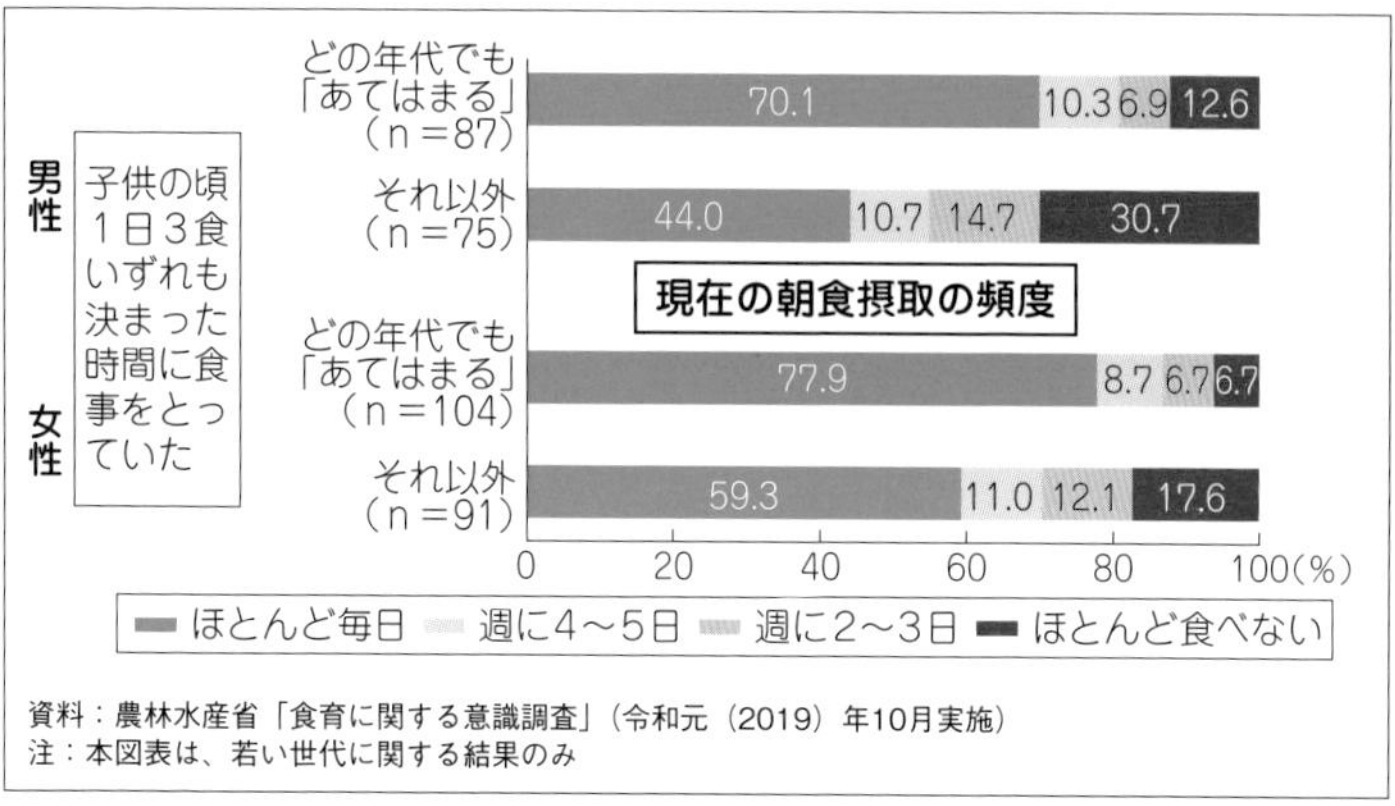

図2　若い世代(20・30歳代)における子供の頃の食生活と現在の朝食摂取との関連(性別)

出典：農林水産省「令和元年度食育白書」2020年6月を基に作成

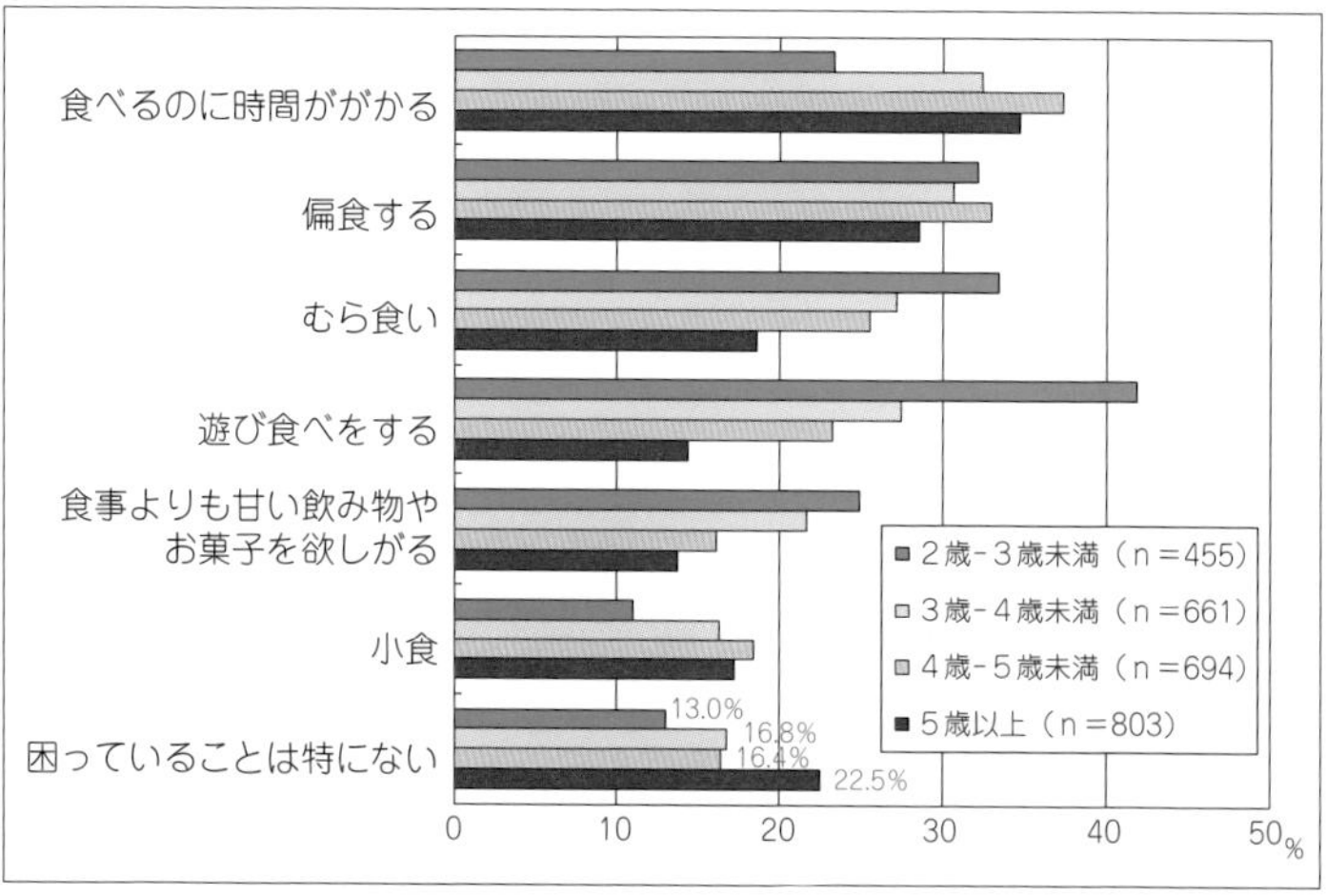

図3　現在子どもの食事で困っていること(複数回答)

出典：厚生労働省「平成27年度乳幼児栄養調査結果の概要」2016年8月より一部抜粋

気持ちよく起床できます。すると朝食を摂る時間的余裕も生まれます。朝食後には、胃腸も動き出し、スムーズな排便が起こることでしょう。その後、すっきりした状態で保育所等に向かえば、午前中元気に遊べます。昼近くなると空腹になりますので、昼食を「食べるのに時間がかかる」「偏食する」「むら食い」「遊び食べ」などの状態にはならずに、集中しておいしくいただけることでしょう。なお、保育所等だけでは、睡眠、食事、遊びなどの一日のリズムを整えることはできません。そこで、保育所等での生活の様子を家庭に伝え、家庭でも適切な生活リズムが確立するように連携していくことが重要です。

生活リズムが整うことで、食事の困りごとが解消され、それが育児の自信につながり、子育て困難感も減少することにもなりましょう。子育ての支援者には、子育てが楽しく、自信をもって行える保護者が増えるように、対象となる親子の生活全体の中で「食」をとらえた支援の必要性が、今後ますます求められると考えています。

3　情報は「探す」ことより「気づく」こと――育てにくいと感じる前に

近年は、子育ての情報や食の情報がインターネット、テレビ等に氾濫しています。それらの情報は、時にその親子に当てはまる場合もありますが、そうでない場合もあります。

先日、個別栄養相談会場で、八か月の女児を連れた母親から、「まもなく離乳食が一日三回になるのに、おかゆと少しばかりの野菜しか食べないがどうしたらよいか」という相談を受けました。子どもの一日の過ごし方をたずねると、「朝は六時半頃に目覚めるので、七時頃に母乳を飲ませます。すると眠くなって一〇時半頃まで眠り、起きた頃に一回目の離乳食を与えますが、少量しか食べないので母乳を飲ませます。その後少し遊ぶと眠くなるので、お昼寝を一六時頃まで続け、起きてから二回目の離乳食を与えますがなかなか食べないので、仕方なく母乳を与えます。少し遊んで入浴し、二一時頃母乳を飲んで寝ます。夜間は五回も授乳に起きるので、寝不足で大変です」と疲れきった表情を浮かべていました。

この母親は、育児に大変熱心で、母乳の与え方、離乳の進め方、生活リズムを整える重要性などについて、スマートフォン、パソコン、新聞、テレビなどから多くの情報を「探して」いました。しかし、母乳は子どもによい⇒子どもが欲するときにいつでも与えてよい⇒食事時間が空腹で迎えられず、離乳食が少ししか食べられないという悩みとなっていました。また、八か月になるのに、子どもの好きなように昼寝をさせている⇒夜間、五回も目覚める悩みも発生していました。母親は、生活リズムを整えることの重要性は知っていても、わが子に食事や睡眠の生活リズムの乱れがあることに「気づく」ことなく、育てにくさを感じていたようです。最近、このように情報を「探す」ことはできても、そこから子どもの状況に「気づく」ことができずに、不安になり、さらに情報を「探す」のですが、それでも「気づく」ことができずにますます不安になり、さらに育てにくさを感じてしまう保護者が増えているように感じます。そのような保護者は、子どもを観察したり、声かけしたりすることも少ないのではないでしょうか。

そこで、子育ての支援者には、一般論の情報を探し当てている方に対しては、その情報のどの部分が今のあなたやお子さんに当てはまるのか、「気づき」を促すことが求められます。「教えられる」のではなく、自ら「気づく」ことで力もわき、次に進むべき方向へ、自ら舵を切ることができ、育児に自信が持てるようになることでしょう。

4 生活の質(Quality of Life：QOL)の向上は相乗効果で

人間（親子）関係を含めた生活の質（Quality of Life：QOL）の向上について、子ども、保護者、保育士、調理員（調理師）、栄養士（管理栄養士）など、それぞれのQOLの掛け算の値が最大になることをめざすことが大切です。それぞれのQOLがプラスであるならば相乗効果でQOLが高まりますが、掛け算なのでどれか一つでもマイナスがあると、全体がマイナスになります。

そこで、子育ての支援者も無理のしすぎは禁物です。無理をしすぎると、応えてくれない保護者に対してイライラしたり、同僚、後輩や上司に理解されないことに気持ちが落ち込んだりすることがあるかもしれません。そのようなネガティブな気持ちが伝わると、保護者も負担になると考えています。子育ての支援者には、お互いのQOLがプラスになるような余裕のある適度な関わりが求められています。

〈注〉

1　厚生労働省「平成27年度乳幼児栄養調査結果の概要」二〇一六年八月

2　農林水産省「令和元年度食育白書」二〇二〇年六月

2 乳幼児の食育がめざすもの

相模女子大学栄養科学部健康栄養学科教授 **堤 ちはる**

1 食育のとらえ方

近年、食育については、書籍やインターネット、講演会など様々な媒体により沢山の情報が発信され、また、保育所等、小中学校などにおいては、それぞれの専門職種や保護者等による食育が実践されています。そのため、食育のとらえ方も様々ですが、ここで改めて食育について考えていきます。

時々、知育、徳育、体育、食育の四つを同列に考えている方にお会いすることがあります。しかし、食育基本法（平成一七年制定）では、食育は「生きる上での基本であって、知育、徳育及び体育の基礎となるべきもの」と説明されています。この文章から、食育がいかに重要であるか、気づいていただけることでしょう。

また、食育基本法では、食育は「様々な経験を通じて『食』に関する知識と『食』を選択する力を習得し、健全な食生活を実践することができる人間を育てる」ことと説明されています。例えば甘いジュースを食事前に飲むと血糖値が高くなり、食欲が低下するという「食」に関する知識を持っている子どもの保護者は多いでしょう。また、甘いジュースと無糖のお茶であれば、食事前に、喉の渇きを訴える子どもに与える場合、無糖のお茶の方が適しているという「食」を選択する力を持っている方も多いでしょう。しかし、子どもに食事前、「喉が渇いたから、ジュースをちょうだい」とせがまれると、ついジュースを与えてしまう場合もあるかもしれません。そこで、「健全な食生活を実践することができる人間を育てること」が重要になります。

2 乳幼児の食育でめざすもの

乳幼児の食育でめざすものとして、①成長・発達を保証すること、②食を営む力の基礎を培うこと、③人間（親子）関係を含めた生活の質（Quality of Life：QOL）の向上の三点が、子どもの心とからだの健全な育ちのために重要です。

① 成長・発達を保証すること

食育というと、カレーやクッキーなどを作るクッキング、なすやじゃがいもなどの栽培活動、栄養素の三色（赤・黄・緑）分類などをすぐに頭に浮かべる人が多いかもしれません。そのため時々、保育士から「低年齢児の食育ではクッキング、栽培活動や三食分類などを実施することはまだ難しいので、何をすればいいですか」という質問を受けることがあります。そのとき、上記①〜③の乳幼児期の食育でめざすものをあげて、「〝成長・発達を保証すること〟の観点からは、離乳後、咀嚼《そしゃく》力に注目した食事を提供することも大切な食育になります」と、以下のような具体的な説明をしています。

一歳から一歳六か月頃に離乳は完了し、幼児食へ移行します。最初の奥歯（第一乳臼歯）は、一歳六か月頃に上下で噛み合うようになります[1]（表1）。しかし、この歯は噛む面が小さいために、噛み潰せてもすり潰しはうまくできないので、食べにくい（処理しにくい）食品が多い傾向にあります[1]（表2）。

保護者や、保育所等の栄養士（管理栄養士）や調理員（調理師）が、一生懸命に栄養バランスを考え、おいしく、安全な食事を提供しても、子どもは食べ物を上手に処理できないと、「噛まない」でそのまま口から出したり、口にためて「飲み込まない」、「丸飲み」したりする可能性が高まります。その結果、必要なエネルギーや栄養素が摂取できない、十分に消

表1　子どもの歯の萌出時期と咀嚼機能

生後 6～8か月頃	・乳歯が生え始める
1歳頃	・上下の前歯が4本ずつ生え、前歯で食べ物を噛みとり、一口量の調節を覚えていく。 ・奥歯はまだ生えず、歯茎のふくらみが出てくる程度。 ⇒奥歯で噛む、すり潰す必要のある食材や調理形態によっては、食べ物を上手に処理できないと、そのまま口から出したり、口にためて飲み込まなかったり、丸呑みなどするようになる
1歳過ぎ	・第一乳臼歯（最初の奥歯）が生え始める
1歳6か月頃	・第一乳臼歯が上下で噛み合うようになる ・しかし、第一乳臼歯は、噛む面が小さいために、噛み潰せてもすり潰しはうまくできない⇒食べにくい食品が多い
2歳過ぎ	・第二乳臼歯が生え始める
3歳頃	・奥歯での噛み合わせが安定し、こすり合わせてつぶす臼磨ができるようになり、大人の食事に近い食物の摂取が可能となる

出典：堤ちはる「乳幼児栄養の基本と栄養指導」『小児科臨床』62巻12号、2009年、pp.2571-2583

表2　1～2歳児の食べにくい（処理しにくい）食品例

食品の特徴	主な食品	調理の留意点
弾力性の強いもの	かまぼこ、こんにゃく、いか、たこ	この時期には与えない
皮が口に残るもの	豆、トマト	皮をむく
口中でまとまりにくいもの	ひき肉、ブロッコリー	とろみをつける
ペラペラしたもの	わかめ、レタス	加熱して刻む
唾液を吸うもの	パン、ゆで卵、さつまいも	水分を加える
誤嚥・窒息しやすいもの	餅、こんにゃくゼリー	この時期には与えない
	プチトマト、ぶどう、球形のチーズ	1／4に切る、調理して軟らかくする
噛み潰せないで、口にいつまでも残るもの	薄切り（スライス）肉　しゃぶしゃぶ用の肉は食べやすい	たたいたり切ったりする

出典：堤ちはる「乳幼児栄養の基本と栄養指導」『小児科臨床』62巻12号、2009年、pp.2571-2583を基に作成

化・吸収されない可能性が高まり「成長・発達を保証すること」は難しくなります。そこで、この時期に与える食品は、奥歯の状況に応じて咀嚼力を考慮することが重要で、これも〝成長・発達を保証すること〟につながる食育の一つになります。

②　食を営む力の基礎を培うこと

栽培活動の一環として、畑でじゃがいもを育てる、それを使ってカレーを作るなどの食育活動に取り組む際に、子どものどのような育ちを願ってそれらを行うのでしょうか。じゃがいもづくり名人

をめざして栽培活動をしたり、カレーづくり名人をめざしてクッキングをしたりするわけでもありません。各施設には、食育の目標があります。例えば「強く、たくましく、元気な子に育てよう」という目標であったとします。好き嫌いがなく何でもおいしく食べられる子ならば、その目標が達成しやすくなります。そのためには、自分で育てたり、収穫したり、調理した食材なら、食べてみようという気持ちになるのではないか、と期待を込めて、栽培活動をしたり、クッキングの実践をするのです。すなわち、栽培活動やクッキングをすること自体が食育の最終目標ではなくて、それらは最終目的を達成するための手段の一つであるということを理解する必要があります。

「保育所における食育に関する指針」[2]では、食育の目標と内容は、「現在を最もよく生き、かつ、生涯にわたって健康で質の高い生活を送る基本としての『食を営む力』の育成に向け、その基礎を培うこと」とあります。具体的に期待される子ども像は「お腹がすくリズムのもてる子ども」「食べたいもの、好きなものが増える子ども」「一緒に食べたい人がいる子ども」「食事づくり、準備にかかわる子ども」「食べものを話題にする子ども」の五つです（図1）。これらは、「食べることが大好きで、食に興味・関心の強い子ども」、すなわち「食を楽しめる子ども」を育てようと言い換えることができます。子どもが〝食べることが好きではなくて、食に興味・関心が薄い〟状況であれば、家庭や保育所等において素晴らしい食育の取り組みを行っていても、子どもに根付いていかない状況は容易に想像されます。

また、例えば「うちのクラスの〝お腹がすくリズムのもてる子ども〟の達成度は八〇%」などと五つの期待する子ども像は、数値化が難しく、客観的な評価がしづらいです。これらを、畑の土壌づくりに例えて考えてみます。いくら良い種や苗を植えても、その畑の土壌が荒れていたら育ちません（食に興味・関心が薄い子どもには、食育活動は根付きません）。さらに、離れた場所（家庭や施設外）からは、その畑の土壌が肥沃か否かは判断しづらい（客観的な評価がしづらいために、外部からは食育の取り組みがわかりづらい）ということが

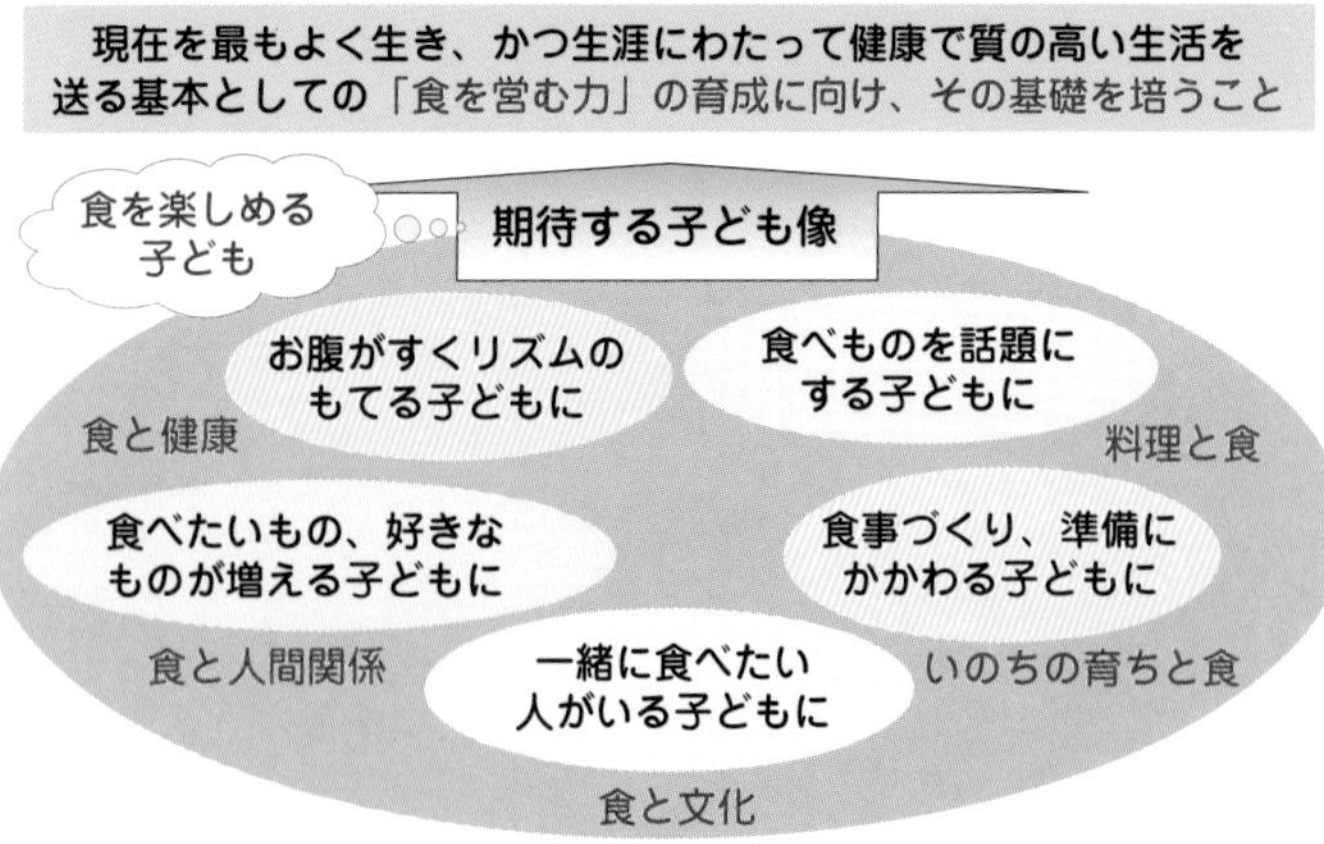
現在を最もよく生き、かつ生涯にわたって健康で質の高い生活を送る基本としての「食を営む力」の育成に向け、その基礎を培うこと
食を楽しめる子ども
期待する子ども像
お腹がすくリズムのもてる子どもに
食べものを話題にする子どもに
食と健康
料理と食
食べたいもの、好きなものが増える子どもに
食事づくり、準備にかかわる子どもに
食と人間関係
一緒に食べたい人がいる子どもに
いのちの育ちと食
食と文化

図1　「保育所における食育に関する指針」の目標と内容

出典：(財)こども未来財団「保育所における食育の計画づくりガイド～子どもが「食を営む力」の基礎を培うために～」2007年11月を基に作成

起こりやすいです。

一方、食育というとすぐに思い浮かぶ、例えばクッキングは「月一回の頻度で実施しています」、栽培活動は「一〇種類の野菜を育てています」などと数値化しやすいです。また、客観的に評価しやすいために、外部にもアピールしやすいことも推察されます。クッキング、栽培活動などが、食育というとすぐにイメージされたり、熱心に取り組まれたりする理由の一つには、これらがあるのかもしれません。

クッキング、栽培活動などとともに、畑の土壌づくりにあたる上記の五つの子ども像をめざした食育にも力を注ぐことが重要です。

③ 人間（親子）関係を含めた生活の質（Quality of Life：QOL）の向上

食事は、エネルギーや栄養素の補給の場であるとともに、家族や友人などとのコミュニケーションの場、マナーを身に付ける教育の場でもあります。保護者の中にはこのことを忘れがちになっている人もみられます。そこで、食事の持つ役割について、様々な「こ食」を取り上げて、人間（親子）関係を含めた生活の質（Quality of Life：QOL）の向上という食育の観点から考えてみます[3]（図2）。

一人で食べる「孤食」は、食事のマナーが身に付かない上に、好きなものを好きなだけ食べてしまいがちで、栄養バランスもとりにくくなります。一方、家族、友人などと共にいただく食事は、食事のマナーや栄養バランスの問題を解消できるだけでなく、食欲が増し、協調性やコミュニケーション能力も育ちます。また、家族でいろいろな話をしながら食べた経験は、子どもにとって将来の家庭のイメージづくりにもつながっていきます。

さらに、家族が同じ食卓を囲んでいても、それぞれが食べたいものを食べる「個食」も問題です。「個食」は、食べたことがないものや苦手なものを食べる機会が減る上、好きなものだけを食べるので栄養バランスが悪くなりがちです。また、例えば三世代同居の家族が一緒に夕食で

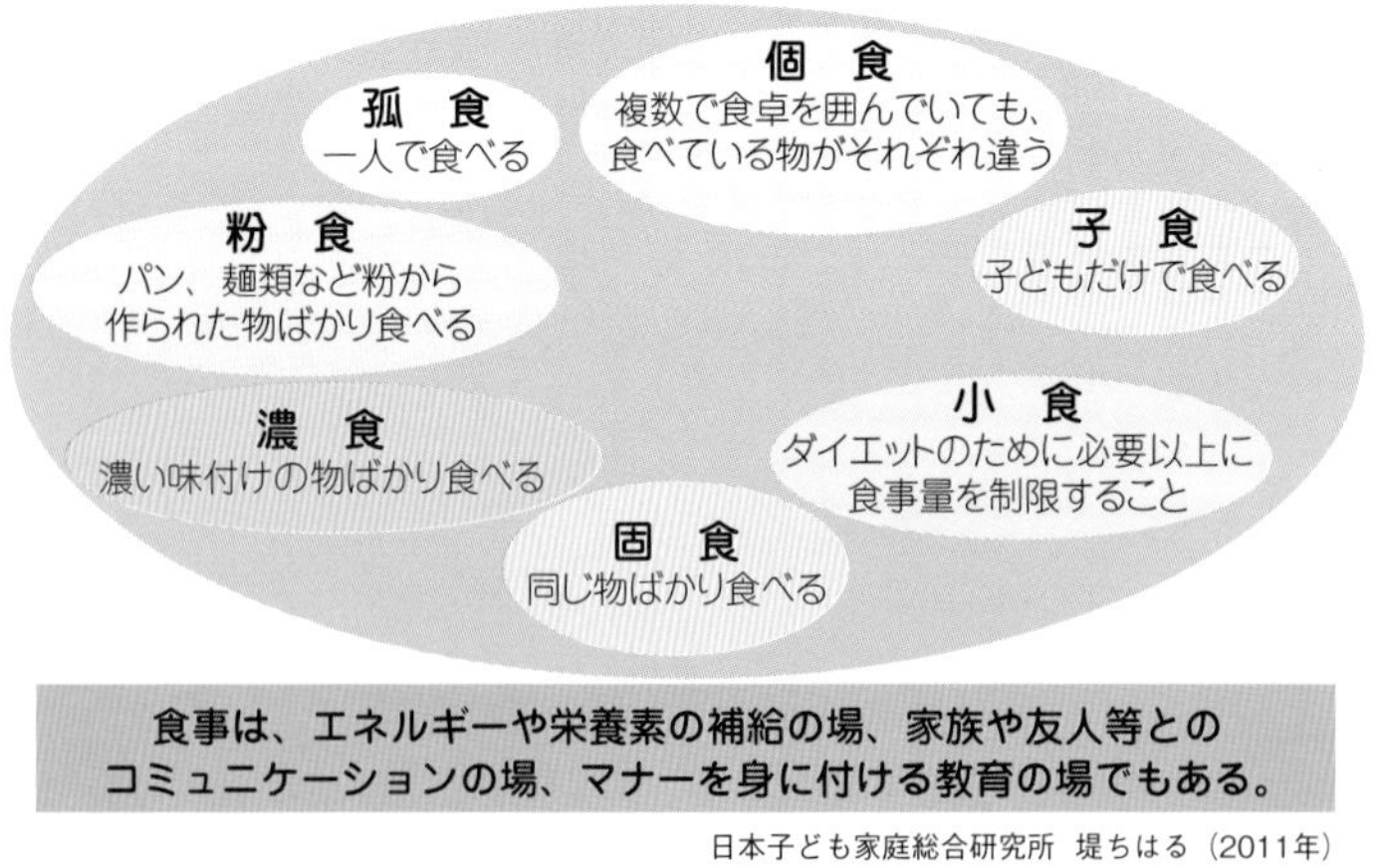
個 食
複数で食卓を囲んでいても、
食べている物がそれぞれ違う
孤 食
一人で食べる
子 食
子どもだけで食べる
粉 食
パン、麺類など粉から
作られた物ばかり食べる
小 食
ダイエットのために必要以上に
食事量を制限すること
濃 食
濃い味付けの物ばかり食べる
固 食
同じ物ばかり食べる
食事は、エネルギーや栄養素の補給の場、家族や友人等との
コミュニケーションの場、マナーを身に付ける教育の場でもある。
日本子ども家庭総合研究所 堤ちはる（2011年）

図2　避けたい７つの「こ食」

出典：厚生労働省「保育所における食事の提供ガイドライン」2012年

肉料理を食べるとき、高齢者には薄切りの肉を用意する場合があります。その場合、子どもの「どうしておばあちゃんだけ薄切りなの？」の問いかけに、「入れ歯だから、厚い肉は硬くて噛み切れないのよ」と説明すれば、子どもは〝自分なら容易に噛める肉が、高齢者には硬くて噛めない〟ことに気づきます。この気づきから、高齢になると体全体の機能が低下することに思いをはせることができ、食事の場面以外でも、高齢者や自分より弱い人への思いやりやいたわりの気持ちが芽生えるきっかけになるでしょう。これも同じ食材を家族で食べていればこそ、できることです。

その他にも、子どもだけで食べる「子食」、ダイエットのために必要以上に食事量を制限する「小食」、同じものばかり食べる「固食」、味付けの濃いものばかり食べる「濃食」、パン、麺類など粉から作られたものばかり食べる「粉食」も避けたい食べ方です。

複数でともに食べる「共食」では、「こ食」によっては得られない数多くの心の育ちがあることを心に留めて、「こ食」を避ける配慮が家庭や保育所等に求められています。

3 偏食のとらえ方

嫌いな子どもが多いピーマンは、β-カロテンを含んでいます。しかし、ブロッコリーやほうれん草でも摂れる栄養素であることから、「嫌いなピーマンを無理に食べさせる必要はない」と考える人もいます。確かにブロッコリーやほうれん草を食べることができるなら、ピーマンにこだわる必要は栄養学的にはほとんどないでしょう。しかし、幼児期はいろいろな生活環境に心や体を適応させる意味で重要な時期であることから、多様な食材を食べる経験を積む必要があると考えられます。そこで、ピーマンの切り方や味付けを工夫

し、「ひと口でもいいから食べてみよう」と励まし、ほんの少しでも食べたら「すごいね！」と褒め、子ども自身が様々な食材を受容できる環境をつくることも大切です。

嫌いな食材を食べることができたという達成感は、褒められることでさらに強められ、自信が生まれます。その自信がやる気につながり、物事を前向きにとらえたり、取り組んだりできるようになるでしょう。例えば人間関係について考えてみると、世の中には自分と気の合わない人がいても、「嫌いだから付き合わない」と切り捨てるわけにはいかず、ある程度付き合っていかなければならない場面もあります。相手を好きになれなくても、「こんな考え方があってもいい」とその人の個性を受け入れることで、円滑な人間関係を築くことができます。学問や仕事にも同じことが言えると思います。[4] いろいろな食べ物を食べることの意義は生活の様々な場面にまで広がることを心に留めて子どもと向き合う姿勢が、保護者をはじめ子どもの周囲にいる大人にも重要です。

4 子どもの要求をすべて叶えることは、大切なの？

乳幼児の保護者の子どもの食についての悩みで、例えば「白飯を食べずにバナナしか食べないので、主食はいつもバナナです」（一歳児の保護者）、「野菜嫌いで全く食べません。野菜ジュースなら毎日一リットル以上飲むので、それを野菜の代わりにしています」（三歳児の保護者）という声があります。これらは、「子どもが食べたがるので与えている」「子どもが勝手に食べている」のであって、「私が食べさせているのではありません」と、あたかも〝責任は子どもにある〟と言っているようにも感じられます。ところが乳幼児はまだ当たり前の基準（量、頻度、時刻、食事のマナーなど）がわからない時期です。また保護者に当たり前の基準がなかったり、あるいは当たり前の基準が、標準からずれていたりしていることもしばしばあります。これでは適切な食事が提供されないので、ネグレクト（育児放棄）の疑いとなりかねません。保育所等では、食を通した保育実践で当たり前を守り、具体例を示しながら当たり前の基準を伝えることが、今後ますます重要になることでしょう。

5 ヘルスリテラシーの視点からの保護者支援

保護者のヘルスリテラシー、すなわち「食に関わる情報を正しく理解して行動する力」を高め、行動変容を促すことが、食生活支援でも重要です。その際の重要点を二点、以下に挙げていきます。

①　保護者のニーズを最優先に

一点目は、「保護者のニーズを最優先する」ことです。例えば、子どもが喜ぶ離乳食を〝手早く〟作りたいという母親に対して、料理の基本となる出汁の取り方から教える支援者もいます。離乳食を作る上で間違いではないものの、〝手早く〟作りたいという母親の一番のニーズとはズレがあります。そのため、母親の行動変容は起こりにくく、また、支援者は「あれほど時間をかけて丁寧に説明したのに、なぜやってくれないのか」といった無力感に苛まれることもあるかもしれません。

そこで、支援内容が保護者の一番のニーズと合致しているかどうかを十分に確認することが大切です。

②　達成可能な目標設定を

二点目は、「保護者に設定する目標は最初から高くしない」ことです。先ほどの例にも言えますが、食の支援では〝手作りへのこだわり〟が見受けられることがあります。しかし、時間に追われている上に料理が苦手、あるいは面倒と思っている保護者の中には、この支援者の思いや期待を受け止めることは容易ではないと思う方もいることでしょう。「出汁をとることを求められても、私には到底できない」と、やる気を失わせる原因にもなりかねません。

そこで、支援する際には保護者が無理なく取り組めることから提案していくことが重要です。例えば月齢に合わせたベビーフードを購入し、その中にゆでてつぶしたじゃがいもを混ぜるだけで手作り感のある離乳食を作ることができます。簡単に処理できるじゃがいもの調理に慣れてきたところで、次はにんじんです。こちらもゆでてつぶせば容易にベビーフードに混ぜることができます。続いてほうれん草へと取り扱う食品のレパートリーを増やしていきます。ほうれん草はゆでてつぶしただけでは、繊維が残っています。そこで包丁等で繊維を断ち切る操作が必要になります。このように調理の難度を少しずつ上げていくのです。「こうあるべき」、あるいは「こうあってほしい」と支援者の思いや高い目標、例えば「出汁をとって手作りの離乳食を作れるようになってほしい」という目標があっても構わないのです。

しかし、それは最優先の目標ではないと認識することが大切です。保護者ができる範囲のことをスモールステップで進めていくことが求められます。なお、これは母親等に迎合することにはなりません。なぜなら、まずは実行可能なところから少しずつ高めて、育児に自信を持たせる支援をしつつ、「昆布やかつお節で出汁をとり、手作りの離乳食が作れるようになる」ことを、最終目標としてめざしているからです。

また、次の行動変容の意欲につながるように、保護者が実践したら、褒めたりねぎらったりすることも忘れないようにしたいものです。もともと食に関心がない、あるいは少ない保護者に継続して実践してもらうためには、定期的に関わることが重要です。その際には「指導する」のではなく「寄り添う」姿勢を心がけることが求められます。

例えば、褒めるときは支援者を主語にして、「この間お話ししたことをやってくださって、私も嬉しいです」と言えば、「じゃがいもをつぶしてベビーフードに混ぜたくらいのことで喜んでもらえるのなら、もう少し難しいことにも挑戦してみよう」と相手のやる気を引き出しやすいと思われます。そして、保護者がさらに実践することで、支援者の意欲も高まる相乗効果を生み、お互いの信頼関係を育んでいくことにもつながることでしょう。

6　食を楽しむ余裕を

「食べること」は食欲を満たすことであり、食欲は本能の一つなので、本来、心地よいことです。しかし、乳幼児の保護者や保育所等の職員から、近年は食べさせてよいもの、食事の量、偏食など、食に関する様々な質問が寄せられています。それら一つひとつの内容は異なりますが、全体的に「良い」「悪い」の判定を急ぎすぎたり、分量などの数字にとらわれすぎたりして、食を楽しむ余裕に欠けている印象を受けます。

保護者の体格や個性、食欲も様々なように、子どもも一人ひとり異なります。また、同じ子どもでも、日によって体調や気分も変わります。「これは良いの？　悪いの？」「○gならいいけれど、△gはダメ」と、育児書やインターネットなどからの情報を機械的に子どもに当てはめていては、食を楽しんだり、食べ物をおいしく味わったりすることなどは難しいでしょう。旅行でも、目的地まで最短コースで行かずに、途中で寄り道をして、思いがけない景色や出会った人との会話を楽しむことで旅の思い出が深まることがあるように、育児も行ったり来たりしながら、試行錯誤して進めていくものです。楽しいことも大変なこともすべてが子育ての醍醐味です。

そこで、保護者や保育所等の職員は、結論を急がず、食を通して一人ひとりの子どもとしっかり向き合い、心と心を通わせながら丁寧な関わりをしていくことが、今、まさに求められていると考えています。

〈注〉

1 堤ちはる「乳幼児栄養の基本と栄養指導」『小児科臨床』62巻12号、二〇〇九年、二五七一―二五八三頁
2 財団法人こども未来財団「保育所における食育の計画づくりガイド」二〇〇七年、三頁
3 厚生労働省「保育所における食事の提供ガイドライン」二〇一二年、三頁
4 堤ちはる講師、平岩幹男企画・聴き手『新訂版　やさしく学べる子どもの食』診断と治療社、二〇一二年、六六―七四頁

3 乳幼児の発達と「食」の支援

1 「口」はどう育つ?——口腔機能の発達と楽しい食事支援のポイント

日本歯科大学口腔リハビリテーション多摩クリニック口腔リハビリテーション科長・教授　田村文誉

哺乳期——生まれてすぐに栄養を摂取する

生まれたばかりの新生児は、哺乳反射の動きによって乳汁を摂取します。哺乳反射は「原始反射」であり、お母さんのおなかの中で、すでに始まっています。そのため、赤ちゃんは生まれるとすぐに栄養をとることができるわけです。

哺乳反射には、

探索反射（口周辺に触れたものに向かって口の中央を持っていく）

口唇反射（口に触れたものを取り込もうとする）

吸啜反射（口に入ったものを舌でチュパチュパ吸う）

などがあります。

これらの反射は哺乳をするにはなくてはならないものですが、いつまでもあると、固形の食べ物を食べる口の動きができません。そこで、哺乳反射は徐々に消えていくのですが、これには大脳の発達が深く関わっています。大脳が発達していくとともに哺乳反射はコントロールされて、通常は生後五、六か月くらいになると消えていきます。

また、乳汁や育児用ミルクを飲んでいるときの飲み方は、顎を開けたまま飲み込む「乳児嚥下」という方法です。舌は口の前方にあり(時には唇より外に出ていることもあります)、唇を乳房にくっつけて、吸い込む圧が口の外に漏れないようシールし、舌を前後に動かしながら顎を開けたまま飲み込ん

でいるのです。

しかしこれらの飲み方も、哺乳反射が消えていく頃になると、舌の位置が後ろの方に下がっていき、顎や唇を閉じながら飲み込む動きに変わっていきます。この飲み込み方は「成人嚥下（成熟嚥下）」と言い、普段、私たちが行っているのと同じ飲み込み方です。ただ、離乳食が始まったからといってすぐに成人嚥下に切り替わるわけではなく、離乳期から幼児期にかけて徐々に上手になっていきます。

哺乳期の赤ちゃんには、乳汁や育児用ミルクからの栄養をしっかり摂ってもらうことが大切です。口の動きは哺乳反射（原始反射）による動きであることから、早期から固形物を与えても、つぶしたり噛んだりなどの処理はできません。

離乳期――摂食機能の発達

生後五、六か月頃には哺乳反射が消失することによって口腔の動きは随意運動、つまり自分の意志で動かせるようになります。もちろん食事というのは私たち大人も無意識的に食べているわけですが、意志によっても動きをコントロールできるようになっていく、という意味です。

離乳初期には、舌を前後に動かしてピューレ状（ペースト状）の食べ物を食べることができるようになります。また食べるときに捕食（口唇を閉じて食べ物をとり込むこと）が上手になっていき、「乳児嚥下」から「成人嚥下」という飲み込み方に変わっていきます。

離乳中期に相当する生後七、八か月頃になると、舌の動きは前後運動に加えて上下運動もできるようになるため、舌と上顎の前の方でマッシュ状のものやプリン状のような性状のものを押しつぶして、食べられるようになっていきます。また、下の前歯（下顎乳前歯）が生えてくるのもこの頃です。離乳初期から中期頃に、赤ちゃん用のスナック菓子を与えることもありますが、この頃はなめたりしゃぶったりして、溶かして食べています。

離乳後期の生後九～一一か月頃では、舌

や下顎の動きはより複雑になります。前後、上下だけでなく左右や斜めに複雑に動くようになり、歯ぐきでかむことができるようになっていきます。まだ奥の乳歯は生えていないため、大人の指で挟んでつぶせるくらいの固さの食べ物が適当です。またこの頃は、自分の手でつかんだものをなんでも口に入れたり、食べ物をかき回して遊んだり、投げたりなどの行為も増えていきます。周りが散らかって大変にはなるのですが、実はこれらの行為によって、手に触れた感触から形や大きさ、物性を学んでいたり、口への運び方を学んでいたり、口元や口の中で受け取る感覚を学んでいたりしているので、ただ遊んでいるだけではないのです。不潔なもの、危ないものを口に入

れないよう気を付けながら、時には十分にやらせてあげる機会も必要です。この時期になると上の前歯（上顎乳前歯）が生えてくることも多く、生えてきた前歯で「おもちゃ咬み」をすることがよく見られます。

離乳後期から一歳前後の時期には手づかみ食べが盛んになります。最初は、自分の口いっぱいに押し込んだり詰め込んだりしてしまいます。そのため、介助で一口量のかじり取りを経験させながら、徐々に自分の手から適切な量をかじり取っていけるよう、手伝ってあげる必要があります。声でいくら「前歯で噛んで」とか「口に入れすぎちゃダメ」と言ってもまだ理解はできません。適量をかじる、という経験、体験を繰り返しながら、覚えていくのです。一歳前後には上下の前歯が咬みあってきますので、かじり取る力も強くなっていきます。赤ちゃん用のスナック菓子をかじり取って食べることも増え、奥の歯ぐきの方に舌で移動させてかむ動きで食べますが、奥歯がないため、歯ぐきでかみつぶして食べています。

一歳半頃にはスプーンなどの食具を使って食べることも増えていきます。手づかみ食べと同様に、はじめはうまく口に入らなかったり、食具ごと口の奥に押し込んだりしてしまうので、詰め込み過ぎないよう介助したり誘導したりしてあげる必要があります。この頃になると、奥歯（乳臼歯）も生えてくるので離乳後期よりも咀嚼力がついてきます。しかし、まだ十分な奥歯の噛み合わせがないので、基本的には歯ぐきで噛める性状の食べ物が適していています。赤ちゃん用のスナック菓子などは、カリカリと噛んで食べられるようになっているでしょう。

二歳半から三歳くらいには上下左右二〇本の乳歯が生え揃い、口や手の動きも上手になるため、大人と同じような食べ物を咀嚼して食べられるようになります。ただし、まだ顎の力は強くなく、歯の数が少なく（乳歯は合計二〇本、大人の永久歯は親知らずを除いて合計二八本）、歯の形も小さいため、大人と完全に同じものを食べられるわけではありません。弾力のあるものや繊維質のものは食べられないことも多くあります。

三歳前後になると、お箸を使って食べる機会も出てきますが、手指や上肢の機能がどれくらい発達しているかによって、使わせる時期には注意が必要です。もし、スプーンやフォークの握り方が未熟（手掌全体で握るとか、上手から持つとか、逆手握りをしているなど）であれば、箸の操作はさらに難しいことになります。そのような段階で早期から箸を使わせてしまうと、握り箸のような癖がついてしまうため、注意が必要です。

水分摂取機能の発達

哺乳期にはお母さんや哺乳瓶の乳首から、哺乳機能で液状のものを嚥下していました。

しかし離乳期になると嚥下の方法が乳児嚥下から成人嚥下に変わっていくこと、また口の動きも随意運動である摂食機能に変わっていくことで、さらさらと流れの速い液体は、とたんに処理するのが難しいものになってしまいます。哺乳瓶以外のもので飲ませようとすると、下顎がガクガクしたり、舌が出て来たりしてうまく飲めないことが多くあります。そのため、口唇の力が弱くても比較的すすりやすい、さじ部が浅めのスプーンを横向きに使って、一口ずつすする練習から始めるとよいでしょう。

下顎の動きが安定する離乳後期頃（九～一一か月）には、浅いスプーンからだけでなく、口唇でくわえたときに水面まで深さのあるコップからでも、飲むのが上手になっ

ていきます。また、ストローで飲むのも、早くても九か月くらいから始めます。お母さんの乳首や哺乳瓶から飲んでいることが多い時期には、細長いストローは乳首と混同しやすいため、哺乳をするときのように舌を前に出し、ストローを舌で巻き込んでチュパチュパと吸ってしまうことが多いのです。そのようなときは、いったんストローは中止してスプーンやコップから飲ませるか、ストローを舌で巻き込まないように口元を押さえて練習する等のステップが必要です。ストロー飲みが上手にできるのは、一歳半から二歳以降になります。スプーンやコップから水分をするのも、ストローから吸うのも、哺乳のときとは違う口の動きで行っています。口唇を閉じて食器をくわえ、舌は口の奥に引っ込み、舌の奥を上下させて吸い込む能力が必要なのです。

気を付けたいこと

離乳食から離乳完了食、幼児食のこの時期は、食べる機能の発達段階にあり、口の中も噛むための歯が生える変化の途中にあります。さらには、何をどう食べたらよいかの判断も未熟です。子どもの主体性を大切にすることはとても重要なので、子どもが自ら食べる意欲を育てていかなくてはなりません。一方、自食を促すタイミングや支援の方法を間違えると、食べ物を押し込んでむせたり、のどに詰まらせたり、といったことにつながります。子どもの発達を総合的にみながら、安全でおいしく楽しく食べられるような支援が大切となります。

子どもの発達全般に言えることですが口腔機能の発達にも個人差があります。したがって、すべての子どもたちがこの月齢通りには進むわけではありません。お示しした数字は、あくまでも発達過程の目安として参考にしてください。

〈参考文献〉

・金子芳洋編著、向井美惠・尾本和彦著『食べる機能の障害ーその考え方とリハビリテーションー』医歯薬出版、一九八七年
・Morris SE, Klein MD. Pre-Feeding Skills: A Comprehensive Resource for Mealtime Development, 2nd edn. Tucson, AZ: Therapy Skill Builders: 2000.
・金子芳洋・菊谷武監修、田村文誉・楊秀慶・西脇恵子・大藤順子著『上手に食べるために』医歯薬出版、二〇〇五年
・井上美津子・田村文誉著『食べる機能・口腔機能の発達Q&A』医学情報社、二〇二〇年
・金子芳洋・Groher ME監修、田村文誉編著、綾野理加・大久保真衣・水上美樹著『子どもの食べる機能の障害とリハビリテーション』医歯薬出版、二〇二一年

2 「手・指」はどう育つ?――作業療法学の視点から見る支援のポイント

神奈川県立保健福祉大学リハビリテーション学科長・作業療法学専攻教授 笹田 哲

保育所の生活において、子どもは食事場面をはじめ様々な場面で手を使います。手を使わないことはないと言っても過言ではありません。しかし指先を上手に使えない子どもにとっては、苦痛な場面となります。上手に使えない原因を探らないと、ただ同じ動作を繰り返し行っていてもできるようにはなりません。

作業療法学の視点から、手指の動きについて解説し、食事において不器用な場面に遭遇したときに、手のどこを見ればよいのか考えたいと思います。

① 探知機としての手

例えば、ブロック箱の中身を見ないで手を入れてつかむと、球体と立方体を区別することができます。針

表1　感覚器官と感覚の種類

	働き	場所
視覚	光の刺激を感知する感覚	目
聴覚	音の刺激を感知する感覚	耳（蝸牛）
味覚	味の刺激を感知する感覚	舌
嗅覚	臭いの刺激を感知する感覚	鼻
触覚	皮膚に触れたかどうかを感知する感覚	皮膚の表面
深部感覚	関節の動き、力の加減を感知する感覚	筋肉・関節の中
前庭覚	体の傾き、スピードの変化を感知する感覚	耳（三半規管）

（筆者作成）

のような物に触れて痛みを感じれば、手をすぐに引っ込めます。また熱い物に触ったときは、とっさに放そうとします。このように、危険を回避しようとします。

手には探知機としての役割もあります。それには、手の感覚、特に触覚が機能していなければなりません。食べ物に触れて、ザラザラ感やツルツル感などを感じとることができますが、もし触覚過敏があると、ベトベト感を嫌がり、触ろうとしなくなります。手を使う頻度が減ります。このように手の触覚に偏りがあると、物の識別、危険をキャッチすることに支障を来し、手指の発達にも悪影響を及ぼします。

お箸を操作するときに指先にどれだけ力を入れればよいのか、筋肉だけ働かせるのではなく、力を加減することが必要になります。これは、筋肉の中に存在する感覚器官が作用することで行われます。これを深部感覚と呼んでいます。

このように、子どもの手指の発達を考えるときに感覚器官の発達を評価することも重要です。感覚器官と感覚の種類をまとめたものを表1に示します。

② 手・指の発達を「握り」機能と「つまみ」機能に分けて評価する

保育所に作業療法士として巡回訪問しますと、「指先が不器用なんです!」と保育士・保護者からよく相談を受けます。不器用といっても、いろいろなケースがあります。クレヨン、鉛筆、はさみ、スプーン、フォーク、お皿、お椀、お箸などの道具の形態にあわせて手を使います。これら多様な手の動きは、二つの動きに分類することができます。それは、「握り (grasp)」と「つまみ (pinch)」という動きです。

握りとは、手のひら全体を使う動きです。例えば、ボールを投げる、雑巾をしぼる、手さげ袋を持つ、手をつなぐ、スプーンを持つなどがその例です。握りは生後約七か月頃に、ブロックを手のひらを使って持つことができるようになります。写真1は握り機能でマグカップを持っている場面です。これに対して、お箸を箸箱の中からとる、ごはん粒やビー玉をとるときに指の先端部を主に使う動きをつまみと言います。写真2はつまみの機能でお箸をつまんでいる場面です。生後約九か月頃になると小球をつまむことができるようになります。発達の段階では、握りが先に獲得され、その後徐々につまみができるようにな

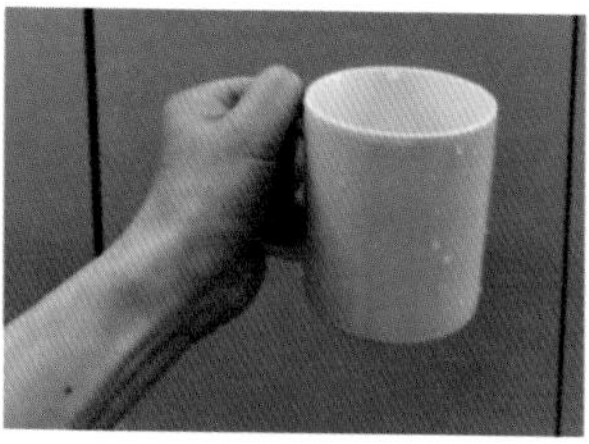
写真1　握りの様子

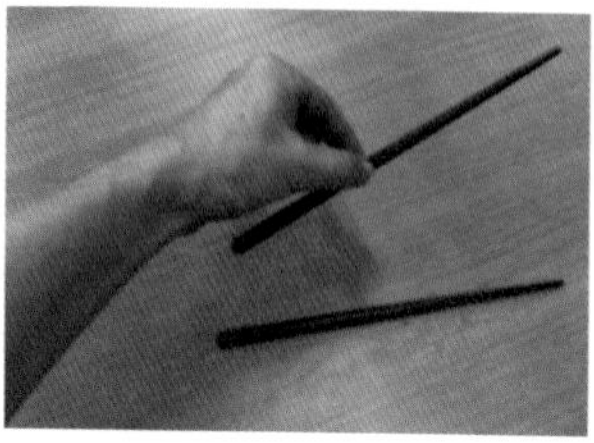
写真2　つまみの様子

ります。つまり、手のひら全体を使うことができてから、指先の部分の使い方ができるようになります。指先が不器用で、気になる場合、握りとつまみに分類し、どの程度獲得できているのか指先を観察することで、より具体的な支援のヒントが見えてきます。

③ 手首の動きも観察しましょう

握りやつまみが上手に使えるようになるには、実は手首の動きも重要になります。子どもの手首を見る機会は少ないかと思いますが、手首の動きと指先の動きは連動しており必要不可欠な関係にあります。指先を上手に使っているときは、手首は起きています(写真3)。つまり、手首は垂れ下がっていません。垂れ下がっている状態(写真4)で指を使うと、指先に力が入りにくく操作しづらくなります。手首あっての指先の動きなのです！「握り」と「つまみ」が上手にできない場合、手首もよく観察してみましょう。こうした手の動きをまとめたものを表2に示します。

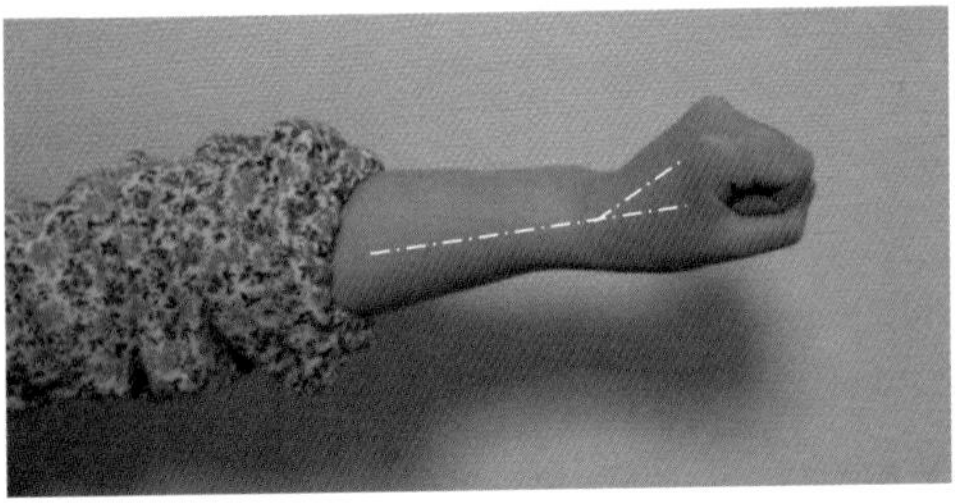

写真3　手首が上がっている

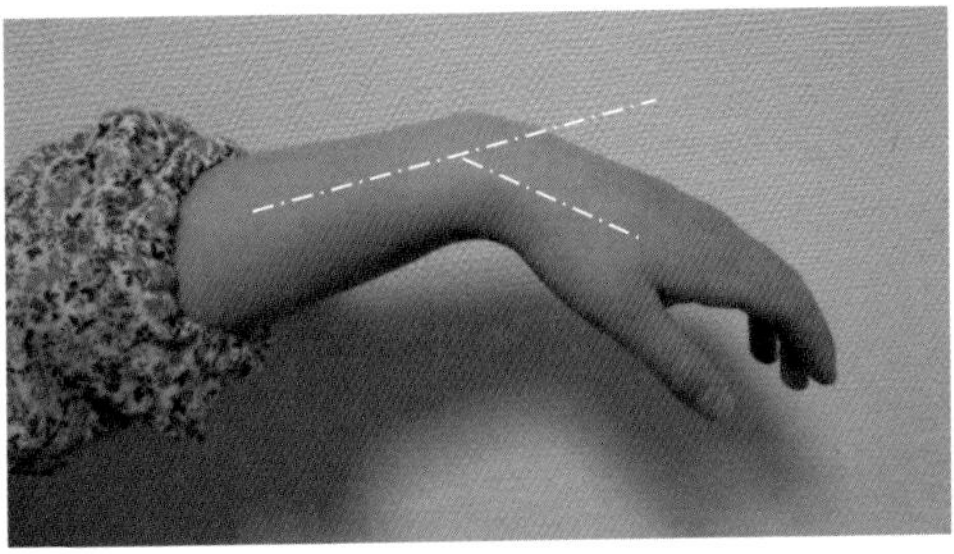

写真4　手首が下がっている

表2　手の動きチェック表

①	手首が垂れ下がっている	ある	ない
②	しっかり「握る」ことができる	できる	できない
③	指先でしっかり「つまむ」ことができる	できる	できない
④	５本指をしっかり伸ばす（開く）ことができる	できる	できない
⑤	手に感覚過敏がある	ある	ない

（筆者作成）

④　握る力を高める支援プログラム

例えば、柔らかいボール等を繰り返し握らせれば、力がつくというものではありません。指先だけを鍛えればよいと思われがちです。握りが弱い子へのベーシック・プログラムには、腕、体幹、脚の全身を使いながら、握りを促すという視点が著者の経験から重要と言えます。具体的な遊びとしては、三輪車などの乗り物を乗る（ハンドルを握る）、綱引きのように引っ張り合う（ロープを握る）、ブランコ遊び（鎖を握る）などがあげられます。

次のステップは、片手で握るよりも、両手を使って握るという課題を体験していくとよいです。遊びとしては、ペットボトルを両手で押さえながら振って遊ぶ、泥ダンゴを両手で作る、両手で紙を丸めてボールを作る、お盆を両手で持って運ぶなどです。さらなるステップは、両手で協調し合い操作する段階です。おすすめの遊びとして、ブロック遊び、ままごと遊び（包丁を持つ、フライパンを持つなど）、楽器遊び（太鼓をたたく、鈴を振るなど）があります。

⑤ つまむ力を高める支援プログラム

つまみは親指と人差し指をよく使います。ボタンをかける、紐を結ぶなど、できたか、できないか、つまり成功・失敗が、はっきりわかります。子ども自身も苦手かどうか、よく気づいています。つまむ力が弱いから、ビー玉などの小さい物をつまむ練習をできるまで何回も繰り返しても、一向に上達しないことがあります。このような場合、握ることも上手にできていないことが見受けられます。握る機能が十分に備わっていない状態で、つまみの練習を行ってもつまみの機能は効率よく向上しません。逆に失敗体験を積み重ねる結果になり、子どもは、さらに指先を使うことを嫌がってしまいます。

つまむ力が弱い場合、握る力は十分備わっているか、上手に使えているのか、見てあげることが大事です。もし、握る力が弱ければ、つまみを促す前に、先に握りを促していく必要があります。握りを促すプログラムにウエイトを置いて取り組み、徐々に、つまみを促すプログラムにシフトしていくとよいでしょう。

つまみは、側腹つまみ、指腹つまみ、指尖つまみの三つのパターンがあります。最初に見られるのは、側腹つまみです。そして指腹から指尖へと発達していきます。このようにつまみを獲得する順序があります。先ほどの握りのところで説明したように、つまみのプログラムの段階として、いすに座って、手元を見ながら小さい物をつまむ練習よりも、立って全身の体(上肢、体幹、下肢)を使って、つまみを促していく段階から行うとよいでしょう。特に指先を使うことを嫌がっている子どもに有効です。おすすめの遊びとしては、二人で向かい合って、ゲーム感覚で厚紙をつまんで、引っ張り合う、紙でヒコーキをつくり、飛ばす。下敷きを両手で持って、コインを落とさないように運ぶ、落としたらコインを拾うなどの例があります。

座ってテーブル上で取り組むことができる遊びには、シール遊び、折り紙、紙をちぎる、

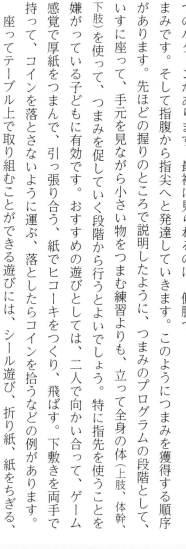

オセロゲームなどがあります。子どもの興味にあわせて選択しましょう。

⑥ 手首の動きを高める支援プログラム

握り、つまみがしっかり機能するためには、手首の機能が必要不可欠となります。手首が手の重さに負けて、垂れ下がっている状態では、握りもつまみも指先にしっかり力が入りません。握る、つまんでいるときに、手首が垂れ下がっていないか見てあげましょう。もし、下がっていれば、子どもの手首を介助して、軽く起こしてあげるとよいです。また、手首を促す遊びとしては、ハンマートイ、太鼓、木琴などがあります。

〈参考文献〉

・笹田哲著『気になる子どものできた！が増える　3・4・5歳の体・手先の動き指導アラカルト』中央法規出版、二〇一三年
・笹田哲著『気になる子どものできた！が増える　体の動き指導アラカルト』中央法規出版、二〇一二年
・笹田哲監修『入学前からはじめよう　発達が気になる子の「できる」を増やすからだ遊び』小学館、二〇一五年
・笹田哲監修『(DVD版)発達が気になる子どもの「苦手」を「できる」に変える　生活動作の指導&サポート法』ジャパンライム、二〇一八年
・笹田哲監修『(DVD版)発達が気になる子どもの「苦手」を「できる」に変える　上手な指先の動きの指導&サポート法』ジャパンライム、二〇一九年
・笹田哲監修『(DVD版)発達が気になる子どもの「苦手」を「できる」に変える 運動・体育の指導&サポート』ジャパンライム、二〇一九年

3 「心」はどう育つ？——愛着形成と非認知能力育成のための支援のポイント

一般社団法人親と子どもの臨床支援センター代表理事　帆足暁子

愛着は、イギリスの児童精神科医であるボウルビイ（Bowlby, J.）[1]が提唱した概念で、「特別な人との間に形成される情愛の絆」のことです。不安になったり、怖くて危機的な状況になったりしたときに、愛着者に抱きしめてもらったり、慰めてもらったりすることで安心できることから、愛着関係の大切さが言われてきました。すなわち、愛着の基本は、愛着者によって不安を安心に変えられるという点にあります。

愛着の芽生え

乳児は空腹になると、泣いて大人に知らせ、ミルクを飲ませてもらって空腹を満たします。実はこのときに生理的な満足感と、優しく抱かれて愛情に満たされるという心の安心感の二つの面を乳児は得られています。このように空腹や睡眠などの生理的な不快感や不安や恐怖など危機的な状況になったとき、「泣き」や「ぐずり」という手段で乳幼児が発信したものを大人が敏感に感じ取り、その不快で不安な状態を安心できる状態に変えてもらう体験が繰り返されます。この体験により、乳幼児は自分から発信することの意味と必ず誰かが自分を守ってくれるという見通しを持つようになります。この見通しが持てることで、乳幼児は自分を守ってくれる特定の大人を愛着者として、安心できる心の基地にしていきます。生後六～七か月頃に始まる「人見知り」は、愛着が芽生えてきた子どもによく見られる現象です。

愛着形成の意義

子どもは、愛着者を心の基地として安心して愛着者から離れ、活動範囲を広げていきます。そこで、怖い思いをしたり、思い通りにならなかったり、ケガをしたりする出来事に遭遇し、不安や悲しさ、驚き、痛さなどマイナスの感情が生じると、心の基地に戻ってきて、しっかり愛着者にくっついて安心感を取り戻します。そして、再度自由な活動へと向

かっていくことができます。この経験が日常繰り返されることで、自分は何があっても大丈夫という見通しを持てるようになります。このように特定の愛着者との強い絆をもとに、いつも誰かとつながって守られている確信を持って、さらに一人で活動範囲を広げていきます。これが子どもの発達を支えます。このとき大切なことは、心の基地の愛着者は、子どもが不安を抱え戻ってきたときには、しっかりその気持ちを受けとめて安心感を生じさせ、それ以外のときには、子どもの自由な活動を暖かく見守ったり、手伝ったりすることです。

愛着形成の支援のポイント――情緒的利用可能性

このように、子どもが自分の不安を表現して、愛着者に安心させてもらおうとする関係を、遠藤俊彦は「情緒的利用可能性」と規定し、「子どもが自分の感情や状態を表現して親に働きかけるような関係性」としています。[2] すなわち、子どもが不安になって泣き出したとき、愛着者である保育者に近づき、抱きついて安心しようとする関係です。そして、子どもが保育者に抱かれて安心して笑顔になれたとするならば、安定した愛着関係が形成できていることになります。しかし、抱かれても子どもがさらに泣き叫んだとすると、「情緒的利用可能性」の関係にあっても、子どもにとっては安定した愛着関係が形成できているとは言えません。子どもにとって、この保育者なら自分の気持ちに寄り添って自分の心のそばにいてくれる、というような安心感を持てることが大切なのです。ですから、愛着形成のためには、まずは子どもが愛着者との関係で、自由に気持ちを表現できているかを確認し、さらに、子どもが自分の不安を安心に変えることができているかを確認することが支援のポイントになります。あくまでも子ども主体で考えます。もしできていない場合には、子どもが楽しんでいる遊びを共に楽しむことから関係づくりを始めます。

非認知能力の基盤となる愛着

非認知能力（非認知スキル）は、ＩＱ（Intelligence Quotient ＝知能指数）などで数値化される認知能力と違って、目には見えにくいものです。具体的には、目標や意欲、関心を持ち、粘り強く、仲間と協調して取り組む姿勢などを指し、「学びに向かう力」とも表現されています。〇

ＥＣＤ（経済協力開発機構）では、「社会情動的スキル」とも表現されています。「目標を達成する力（忍耐力、意欲、自己制御、自己効力感）」「他者と協働する力（社会的スキル、協調性、共感性、信頼）」「情動を制御する力（自尊心、自信、問題行動のリスクの低さ）」が三つの柱とされ、具体的には、「やればできるという動機づけ」「計画に基づいて行動する力」「自分や他者を信頼し、協調的な関係を形成する力」「自分の感情を統制するためのスキル」等です。

これらの力が発揮されるためには、子どもの心に安心感がはぐくまれていることが基盤になります。すなわち、愛着形成です。この安心感が自分の心の中にあるからこそ、いろいろなことに興味を持ち、確か

めてみようとチャレンジできます。不安な気持ちでは、「○○してみたい」「△△をやってみよう」といった「目標や意欲、関心を持ち、粘り強く、仲間と協調して取り組もう」とする気持ちは育ちません。このチャレンジする気持ちが育たないと行動につながらないので「できた」という達成感も、「やりたいと思ったらできる自分」という有能感も育ちません。達成感や有能感を繰り返し積み重ねて、「やってみたらできるはず」という気持ちを獲得するからこそ、あきらめない心が育ちます。非認知能力が子どもには大切だと言われていますが、その基盤にあるのは愛着関係なのです。子どもが安心できる身近な保育者との愛着関係の形成が、非認知能力には必要不可欠です。

非認知能力育成のための支援のポイント

まずは、愛着形成の育ちが基盤です。その上で子どもが自発的に自由に活動していく意欲を保障することが支援のポイントです。そのために必要なことは、子どもが意欲や関心を持てる魅力的な環境です。それは豊かな自然の中での自由な遊びかもしれません。様々な種類の絵本が置かれ、絵本の表紙が見えるように配置された絵本のお部屋かもしれません。クラスの子どもたちのアセスメントをしながら、子どもたちが夢中になれるテーマを環境に取り入れると、子どもたちの意欲を増大させます。年長になったらできる活動を○

歳からあこがれを持って見ていくような長期的で計画性のある保育環境も非認知能力の育成につながります。保育者が提示するのではなく、子どもが気づいたことをワクワクしながら深めていく時間と場所や、それを共有し合える子ども同士のダイナミクスがつくれている環境になっているかを確認します。子どもの学びへ向かう姿勢を念頭に置きながら「目標や意欲、関心を持ち、粘り強く、仲間と協調して取り組む姿勢などが育っている環境を提供できているか」を考えていくことは、保育の醍醐味でもあり、支援のポイントでもあります。

ホスピタリズム

ドイツの小児科医で、ジュッセルドルフ乳児院の院長であったファウントラー博士の造語です。ファウントラー博士は、乳児院等で衰弱して死に往く乳児の病気をホスピタリズムと呼び、その原因が母子分離にあることを指摘しました。

当時、ファウントラー博士は、施設設備と栄養法の改善、感染症の予防という医学的管理だけでは乳児院の子どもの死亡率の低下には限界があるとし、看護スタッフによる愛情あふれる養護ケアを加えることを実行した結果、1903年から1917年の15年間で当初75.5%だった死亡率を17.3%にまで減少させました。すなわち、人間の子どもには愛情あふれるケアが必要であるという認識が深まりました。

［参考］金子保著『ホスピタリズムの研究　乳児院保育における日本の実態と克服の歴史』川島書店、1994年

乳幼児の発達と食の支援

食と子どもの心の関連については、ホスピタリズム（右のコラム参照）の研究から、愛情や関わり不足の子どもは、適正な栄養を与えても、発育が不良となることが知られています。ホスピタリズムの子どもたちは、栄養素の消化、吸収、利用などの栄養効率が悪くなり、同時に成長ホルモンの分泌も不良となることも実証されています。

また、摂食行動と意欲の研究では、食欲があり、食べるときに楽しそうな子どもは意欲的で活発であるという結果が出されています。このように、愛着形成や非認知能力の育ちと「食」には、密接な関連があります。食支援を考えるとき、子どもの心の発達と合わせてみていくことが大切です。

〈注〉
1 Bowlby.J.(1969). *Attachment and loss: Vol.1.Attachment.* London:Hogarth Press.
2 遠藤利彦著『赤ちゃんの発達とアタッチメント—乳児保育で大切にしたいこと』ひとなる書房、二〇一七年

4 食物アレルギーについて知る

①「食物アレルギー」はなぜ起こる?

――定義と症状、原因物質など、食物アレルギーを理解するためのポイント

杏林大学医学部小児科学教室医員　川原亜友美
杏林大学医学部小児科学教室教授・診療科長　成田雅美

◆食物アレルギーとは

食物アレルギーは医学的には「食物によって引き起こされる抗原特異的な免疫学的機序を介して生体にとって不利益な症状が惹起される現象」と定義されています。簡単に言うと、ある特定の食物を摂取したり、触れたりすることにより、アレルギー反応が起こる疾患です。食物アレルギーの診断には、食物摂取により繰り返し症状が誘発されることと、血液検査や皮膚テストなどによる免疫の関与の証明の両方が必要です。検査結果が陽性と

いう理由だけで食物アレルギーとは言えません。また、傷んだ食品中の細菌による食中毒や、牛乳を飲んで下痢になる乳糖不耐症は、免疫が関与しないため食物アレルギーとは言いません。食物アレルギーのある子どもの割合は乳幼児で五～一〇％ですが、成長に伴い自然に治りやすいため年齢とともに減少し、学童期には一～三％になると言われています。保育所ではクラスに一～二人は食物アレルギーの子どもがいることになります。

◆食物アレルギーの症状

　食物アレルギーによって起こる症状は、蕁麻疹やかゆみのイメージが強いですが、皮膚症状以外にも咳やぜいぜい、嘔吐や下痢など、身体の様々な部位に起きます。以下に食物アレルギーで見られる症状を示します。

- 皮膚症状：蕁麻疹、かゆみ、むくみ、赤み、湿疹
- 粘膜症状：鼻汁、鼻づまり、くしゃみ、眼球結膜の充血、口の中の違和感や腫れ
- 呼吸器症状：咳、ぜいぜい、呼吸困難、声がれ
- 消化器症状：吐き気、嘔吐、腹痛、下痢
- 神経症状：頭痛、活気の低下、意識障害
- 循環器症状：血圧低下、手足が冷たくなる、頻脈

多くは原因食物を摂取して二時間以内に出現する即時型反応として見られますが、数時間後から翌日に症状が出現することもあります。また、強いアレルギー症状が複数の臓器にまたがり急速に起こる状態をアナフィラキシーと呼びます。さらに血圧低下や意識障害など、急激に全身の症状が進行する場合をアナフィラキシーショックと呼び、命に危険が及ぶことがあり注意が必要です。

◆食物アレルギーの原因

食物アレルギーの原因となる物質は、主に食物中のタンパク質です。表1に新規発症の原因物質を示します。原因食物は年齢により特徴があります。乳児期は鶏卵が一番多く、次に牛乳、小麦と続きます。一歳を過ぎると魚卵や木の実などが新規発症の原因となります。学童期になると果物、甲殻類などが新たに見られます。近年、原因食物として木の実の割合が増えてきており注意が必要です。ただし、食物アレルギーの原因物質は患者ごとに異なるので、個別に判断してもらう必要があります。

◆食物アレルギーの子どもへの栄養指導

食物アレルギーと診断された場合の治療の基本は、「正しい診断に基づいた必要最小限の

表1　新規発症の原因食物

n＝2764

	0歳（1356）	1、2歳（676）	3－6歳（369）	7－17歳（246）	≧18歳（117）
1	鶏卵 55.6%	鶏卵 34.5%	木の実類 32.5%	果物類 21.5%	甲殻類 17.1%
2	牛乳 27.3%	魚卵類 14.5%	魚卵類 14.9%	甲殻類 15.9%	小麦 16.2%
3	小麦 12.2%	木の実類 13.8%	落花生 12.7%	木の実類 14.6%	魚類 14.5%
4		牛乳 8.7%	果物類 9.8%	小麦 8.9%	果物類 12.8%
5		果物類 6.7%	鶏卵 6.0%	鶏卵 5.3%	大豆 9.4%

各年齢群毎に５％以上を占めるものを上位５位表記

出典：今井孝成ほか（2020）を基に作成

食物除去」です。以前は過剰な食物除去を指導されていましたが、最近では症状が誘発されたものだけを除去することが推奨されています。

食物アレルギーは成長とともに自然に治ることが多い疾患です。乳児期に頻度が高い鶏卵・牛乳・小麦アレルギーは三歳頃までに半数が、就学前に八割が耐性を獲得して食べられるようになると言われています。そのため、二歳頃まででは六か月ごと、三歳以降では一年ごとを目安に食物アレルギーが治っているかどうか再評価をすることが推奨されます。

◆緊急時の対応

原因食物の除去にどんなに注意していても、配膳・調理の際の混入や誤食により症状が出ることがあります。そのため普段から緊急時の対応を想定し準備をしておく必要がありま す。軽症であれば、抗ヒスタミン薬の内服もしくは自然経過で症状が改善することが多いですが、アナフィラキシーのときにはエピペン®の筋肉注射などの対応が必要となります。

◆保育所の対応

保育所における食物アレルギーの子どもへの対応は、安全への配慮を重視するため、家庭とは少し異なります。家庭での食事では、必要最小限の食物除去を行います。しかし保育所の給食では、原因食物の「完全除去」が基本となります。

例えば、鶏卵は加熱によりアレルギー性が減弱するため、軽症の子どもではしっかりと加熱したゆで卵は食べられても、低加熱のスクランブルエッグでは症状が出ることがあります。

エピペン®について

エピペン®は、アナフィラキシー時の自己注射薬として医師から処方されます。症状の進行を一時的に緩和しショックを防ぐ補助治療薬であるため、使用後に症状が改善しても速やかに医療機関を受診する必要があります。

このような場合、保育所では「鶏卵完全除去」の対応になるため、給食ではゆで卵も提供されません。

保育所では、重症度の異なる食物アレルギーの子どもの対応を個別で行うことは煩雑であり、誤食の頻度が高まることが危惧されるため、安全のために対応を単純化することを最優先します。

また、初めて食べる食材に関してアレルギーが起こることもあるため、給食が初回摂取にならないように献立をあらかじめ確認し、未摂取の食材がある場合には事前に自宅で安全に食べられることを確認してもらうようにします。

さらに保育所では、食事の場面以外にも生活への配慮が必要です。牛乳パックや小麦粘土などはこれらの食物にアレルギーがある場合には使用できません。食育活動で特定の食材との接触を回避することも必要になります。

加えて、誤食など緊急時の体制を整えることも重要です。アナフィラキシーが起こったときのエピペン®の筋肉注射は、患者本人や保護者が行うことが原則ですが、緊急時に保育所の職員が行うこともあるため、手順を確認しておく必要があります。これらの対応は医師の診断に基づいて実施します。「保育所におけるアレルギー疾患生活管理指導表」を活用して、保育所と保護者、医療機関で情報を共有し、子どもたちが安全に生活を送れるようにします。

〈参考文献〉

・今井孝成ほか「消費者庁『食物アレルギーに関連する食品表示に関する調査研究事業』平成29（２０１７）年　即時型食物アレルギー全国モニタリング調査結果報告」『アレルギー』69（8）、日本アレルギー学会、七〇一－七〇五頁

②「食物アレルギー」への支援で大切にしたいこと

昭和大学医学部小児科学講座管理栄養士　長谷川実穂

食物アレルギーについては、乳幼児期に発症し、卵、乳製品、小麦が原因になることが多いため、不安を抱える保護者や保育者の方も多くいらっしゃると思います。けれども、食物アレルギーを正しく理解し、正しく対応することで、生活の質を上げていくことができます。その子にとって何が必要な除去であり、何が不必要な除去であるかを理解したうえで、その後の食習慣をどのように築いていくか、という点に目を向け食育を進めていただきたいと思います。

◆食物アレルギーと食育の考え方

乳幼児期は、その後の食習慣を築いていくにあたり、とても大切な時期になります。食物アレルギーがあるということが、過剰なハンディキャップに決してならないように私たち大人が配慮することが大切です。

では、食物アレルギーと食育ということを考えたときに大切なことは何なのでしょうか。まず、食物アレルギーが血液検査だけでは判断できないということがあります。私たちが臨床で勤務をしていると、血液検査の結果が陽性であるものの、その食品を食べてもまったく症状の出ない患者さんを多く拝見します。そうした患者さんに医療機関でお示しするのは、〝症状が出ないのであれば、食べていく〟という選択です。その後の患者さんの生活を考えたときに、避けなくてよいものを避けないでいくという判断は、非常に重要です。また、食べて症状が出てしまったとき、今後どうしていくかということも重要です。

◆避けなければいけないもの

避けなければいけないものがある、ということであまりネガティブにならないことも、とても大切です。避けるものは何かを把握したうえで、避けなくてよいものがどんなものか、スーパーで買えるものにどんなものがあるか、ぜひご理解いただきたいと思います。

例えば小麦のアレルギーがあると、パン、めん類が食べられないという発想になりがちです。しかし、パンをかじる、麺をすする、ということは、子どもの口腔機能の発達に関して非常に大きな影響を及ぼします。今では

米粉で作られたフォーやビーフンといった食品が、スーパーなどでも手軽に購入できるようになっています。そうしたもので、子どもの口腔機能の発達を促してあげることは、とても大切なことだと感じます。パンなども、蒸しパンを作ったりすることはそれほどハードルは高くありません。独立行政法人環境再生保全機構のサイト（https://www.erca.go.jp/）でレシピが紹介されていますので、ぜひご参照ください。

加工食品表示の見方を学ぶことも大切です。特定原材料と呼ばれる七品目（卵、乳、小麦、えび、かに、落花生、そば）に関しては、表示の義務があります。ただし、それ以外の表示を推奨されているものに関しては、表示の義務はありません。特定原材料に準ずるものという位置づけで、なるべく表示をするよう推奨されているだけですので、食品に含まれていても表示がされていない場合がある点にご注意ください。

アレルギーがあると、どうしてもいろいろ行動を制限しがちになります。しかし、できることには参加をしたい・させたい、そういう発想は、保護者の方も、保育者など支援に当たる方も、なくさないでいただきたいと思います。参加できることに関しては積極的に参加する、不安な点は事前に相談をしておく、それが大切であると思います。食物アレルギーに対する正しい理解の下、ぜひ、お子さんの行動範囲を広げていってあげてください。

5 発達障害児について知る

広島市西部こども療育センター管理栄養士 **藤井葉子**

①「発達障害児」の食生活の特徴を知る
——偏食の原因、偏食対応の課題を理解するためのポイント

◆発達障害児の偏食と一般的な偏食はどう違うの？

ふつう偏食というと、「野菜が嫌い」とか「野菜の中でもピーマンが嫌い」など、食べられるものの方が多く、苦手な食材の方が少ないことが多いですが、発達障害児の偏食は、食べられる食材の方が少なく、極端な場合では食べられるのはご飯と鮭、牛乳など一～三品ぐらいのこともあります。また、一般的な偏食では、毎食食べるけれど嫌いなものだけ残しますが、発達障害児の偏食は、時には一、二食全く食べなかったり、飲まなかったりするようなこともあり、ご家族は心配な日々を送っています。一般的な偏食は、一度食べられるようになるとその食材を継続して食べることが多いですが、発達障害児の偏食は、食

べられる食材がだんだん減っていくこともよくあり、極端に減ったり、食材の種類が少なかったりする場合は、ビタミン欠乏症などになり、入院してしまうようなこともあるなど、偏食といっても深刻な状態もみられます。

◆発達障害児の偏食はなぜ起こるのでしょうか？

発達障害児の偏食の原因は一つではなく、いろいろなことが原因として考えられます。

また、いくつかの原因を抱えて複雑になっているケースもあり、どうしたらいいかわかりにくくなってしまっていることも多いです。その中の大きな原因とし

て、口腔機能的な問題、感覚的な問題、栄養的な問題があります。

〈口腔機能的な問題〉

発達障害児は、成長が平均よりも遅めだったり、運動の発達がゆっくりなことも多く見受けられます。口の機能についても発達が遅れたり、自然に獲得していくはずの口の動きが獲得できず、うまく食べられないために偏食になってしまっていることも多くあります。

離乳食初期の形状を食べている……ペースト状のものを、舌が前後に動いて、唇を閉じてゴックンと飲む時期になります（図1）。様々な食材を食べ始めるため、いろいろ味にびっくりしてしまって、食べなくなってしまう場合もあります。また、舌の送りこむ力が弱いため食べる量が増えない、ざらつきなどで嫌がり、ヨーグルトや同じベビーフードしか食べられない場合などもあります。

離乳食中期の形状を食べている……舌でつぶれる硬さのものを舌で押しつぶしながらもごもごと食べる時期になります（図1）。舌の力が弱くつぶれずに丸呑みしてしまったり、調理上軟らかくできないものは刻むため、口の中でバラバラに広がって嫌がったり、ペースト状から進まなかったり、お粥に混ぜないと食べられなくなったりしていることもよくあります。お粥に混ぜることが習慣化すると、他の食材の食感や味を受け入れにくくなったり、白いお粥を食べられなくなることもあります。また、この後の咀嚼していくときに固形物を嫌がるようになりやすいので、習慣化しないように気を付けましょう。ご飯やカレー、丼、納豆ご飯など決まったものを食べていることも多いです。

離乳食後期～完了期の形状を食べている……舌でつぶれない食材を舌が左右に動いて歯

咀嚼月齢の見方－**離乳初期** **パクパクごっくん口唇食べ期（5～6か月）**
●上唇の形変わらず下唇が内側に入る ●口角あまり動かない ●口唇閉じて飲み込む
●舌の前後運動にあごの連動運動

咀嚼月齢の見方－**離乳中期** **もぐもぐ舌食べ期（7～8か月）**
●上下唇がしっかり閉じて薄く見える ●左右の口角が同時に伸縮する
●数回もぐもぐして舌で押しつぶし咀嚼する

咀嚼月齢の見方－**離乳後期** **かみかみ歯ぐき食べ期（9～11か月）**
●上下唇がねじれながら協調する ●咀嚼側の口角が縮む（片側に交互に伸縮）
●舌の左右運動（咀嚼運動）

図1　咀嚼月齢の見方

出典：金子芳洋編著、向井美惠・尾本和彦著『食べる機能の障害―その考え方とリハビリテーション―』医歯薬出版、1987年を基に作成

の方に運びながら噛む時期になります(図1)。舌が左右に動かず丸呑みしていたり、歯の上に長く留めておけなくて早く呑んでしまったり噛む力が弱かったり、噛めてもすりつぶしができず、硬い物や繊維質の野菜などが食べられないこともあります。パンやウインナー、ナゲットなど噛みやすい決まったものだけを食べていることが多いです。

〈感覚的な問題〉

子どもたちは様々な感覚で目の前の食材が食べられるものかどうか判断したり、食環境に影響を受けたりしています。子どもの様子をよく観察して、好きな感覚と苦手な感覚を知ることで、対応のヒントが見えてきます。

- 触覚：触って決める。ガサガサしたものが好き。濡れたものが苦手。過敏など。
- 嗅覚：匂って決める。魚の臭いなど特定の臭いが苦手など。
- 視覚：見た目で決める(見慣れた料理は食べる)。色や形など見た目が変わると食べられない。気になるものが見えると食べられない。
- 味覚：刺激のある味、濃い味が好き。味の薄いものが苦手。特定の味が好き。逆に味を感じ過ぎるため薄い味の方がいい場合もある。

●聴　覚：気になる音がすると落ち着いて食べられない。
●固有感覚：硬さで決める。軟らかいものが苦手。

食べてもらいたくて、好きな感覚ばかりを強くしてしまうと、より強い感覚を求めるため、悪化してしまいます。安心して食べ始めるまでは、苦手な感覚を減らし、好きな感覚のものにしていきますが、落ち着いてきたら、空腹をつくり、好きな感覚を少しずつ減らしながら苦手な感覚も入れていくことが必要です（図2）。

〈栄養的な問題〉
発達障害のお子さんは、平均身長・体重よりも数値が低いことも多く、筋緊張が緩かったり、活動が緩やかだったりするため、必要なエネルギー量が年齢の平均よりも少ないことが多いです。そのため、同じ年齢の子と同じぐらいの炭水化物や間食を食べるとお腹がいっぱいになってしまい、野菜や果物など種

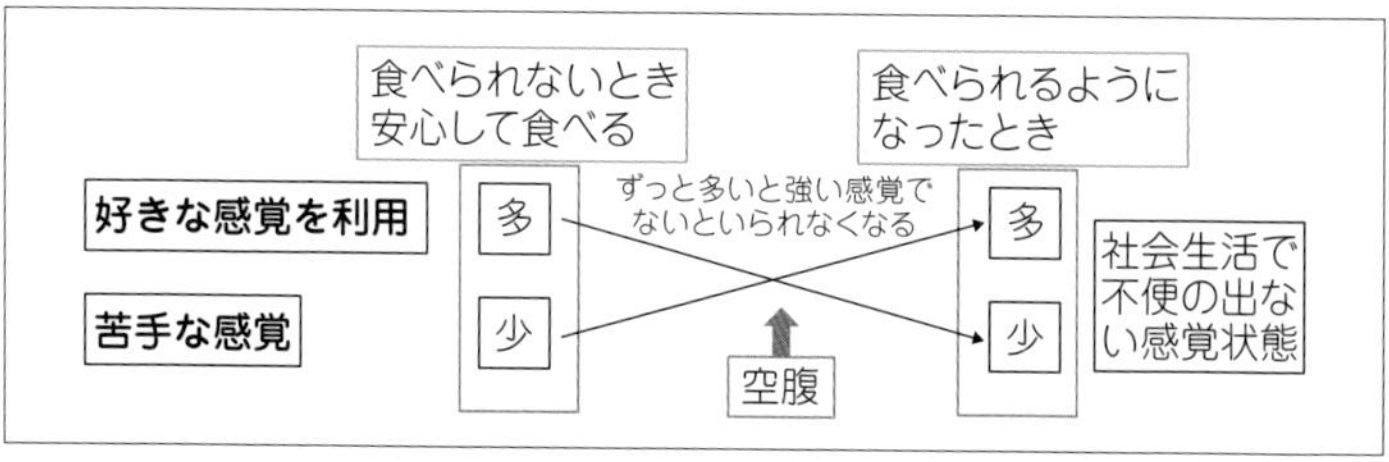

図2　好きな感覚・苦手な感覚のバランスを意識した支援　（筆者作成）

類を多く食べられなくなってしまうこともあります。

お子さんそれぞれの必要なエネルギー量を現在食べている量から推定し、多く食べ過ぎている食材の上限を決めて量を調整していくと、食材の種類が増えていくことも多いです。また、食に興味がないと言われることがありますが、図3左側の偏食の例のように、野菜が食べられないと少量でエネルギー量の高い食材を摂っていることが多くあります。足りていないように見えても、食事記録から栄養計算するとエネルギーは十分摂っていることがわかります。

食に興味がないのではなく必要なエネルギーを満たしている（両方とも約1000kcalで同じくらい）
朝
昼
間食
夕
2本210kcal
2本80kcal
1玉220kcal
10g55kcal
100ml69kcal
150g250kcal
1P100kcal
1個90kcal
1個80kcal
3個15kcal
1個60kcal
1/2玉110kcal
110kcal
35kcal
1枚35kcal
100ml69kcal
100g170kcal
120kcal
70kcal

図3　1日の摂取エネルギー量（左が偏食の例、右がバランスのとれた食事の例）

（筆者作成）

◆発達障害児の食の支援を行う際に気を付けること

実年齢だけを考えて支援してしまうと、怖がって食べることが嫌いになってしまったり、その子の様子に合わせ過ぎると、できることがいつまでもできなくなってしまったりもします。どのくらいの発達年齢で、どのくらいの対応が適しているか配慮することが必要です。発達障害児は新しいことや変化が苦手です。わかりやすく、好きなものから少しずつ変化させていかないと受け入れられないことが多いため、個別対応が必要です。子どもに接する対応としての個別対応は理解されやすいですが、食事に関しては、一人だけに違うものを出すことへの世の中の抵抗感はまだとても強いです。食形態への配慮や、身体や発達への配慮と同じで、食事の個別対応はとても大切なことです。できる範囲から支援していくと、子どもたちのステップアップをスムーズに行うことができます。

◆家庭との連携で気を付けること

偏食の治った発達障害児の成長曲線の例（図4）に見られるように、食べられるものが増えても、成長曲線のカーブ以上には際立って体重が増えず、カウプ指数（身長と体重のバランスを見る指数）もあまり大きくならないことが多いです。必要なエネルギー以上に食べるときがあると、他の食事時間に食べなくなるなど、むら食いなったりするため、朝昼晩の3

食と間食の量と時間をわかりやすくし、好きで多く食べ過ぎているものの上限を少しずつ決めていくと、食べられる食材の種類が増えていきます。まずは、このことをご家族に知っていただくことが必要です。そして、家庭での「おしまい」や食事時間のわかりやすい方法を提案し、継続してもらい、少しずつ食生活を変化させていくための連携も必要です。

このとき、状況の把握を聞き取りだけで行うと正しい情報を得ることができないので、保護者に負担はありますが、食事記録を提出してもらう方が効果的です。食生活がよくない状態でも、何年も苦労して工夫の上で育ててきた結果ですので、責めないようにし、ねぎらう気持ちを持ち、集団生活に対応していくためのステップアップとして提案していきましょう。提案は押し付けにならないように保護者の気持ちを聞きながら、できる方法を提案していきましょう。

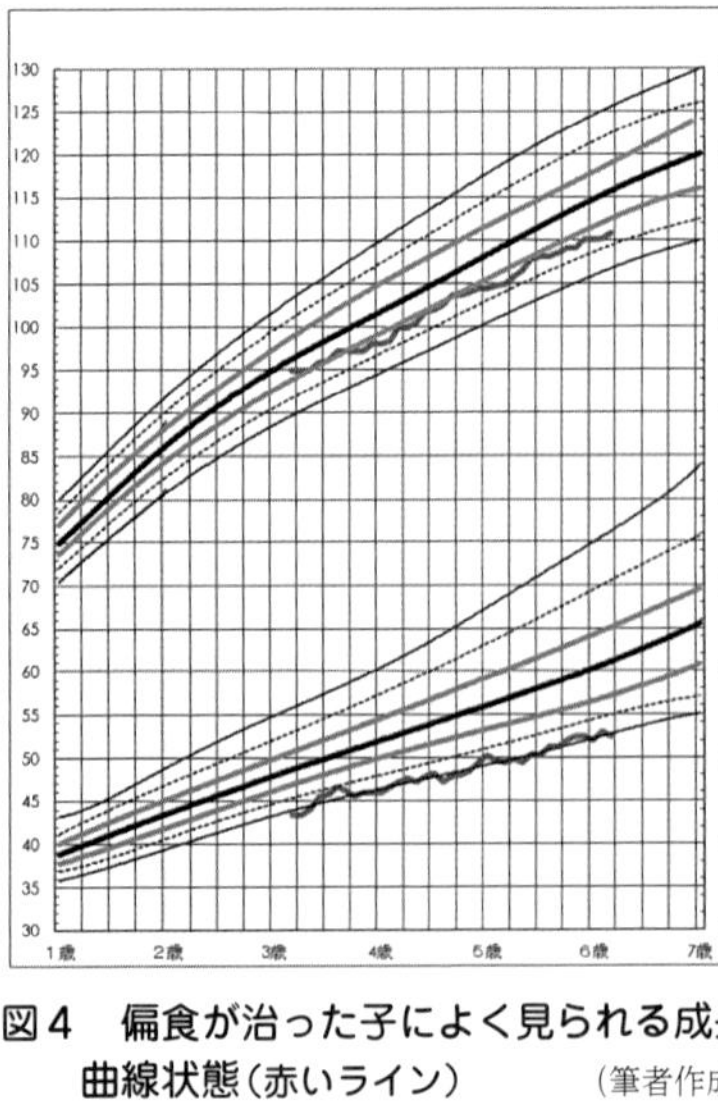

図4　偏食が治った子によく見られる成長曲線状態（赤いライン） (筆者作成)

② 「発達障害児」への支援はどうする？

――具体例を通して学ぶ支援のポイント

◆口腔機能に課題がある場合の支援

〈離乳食初期の状態で進んでいない場合〉

ミルクや牛乳、ヨーグルト、同じベビーフードばかりを食べる状態が続く場合は、舌の送り込みが弱くペーストの粘りを送れなかったり、味がいろいろ変わることへの不安があったりすることから、離乳が進んでいないことが多いと考えられます。体重確認や水分管理をしながら現在摂っている食材の量を調整し、図5のような対応を少しずつ行っていくとよいでしょう。

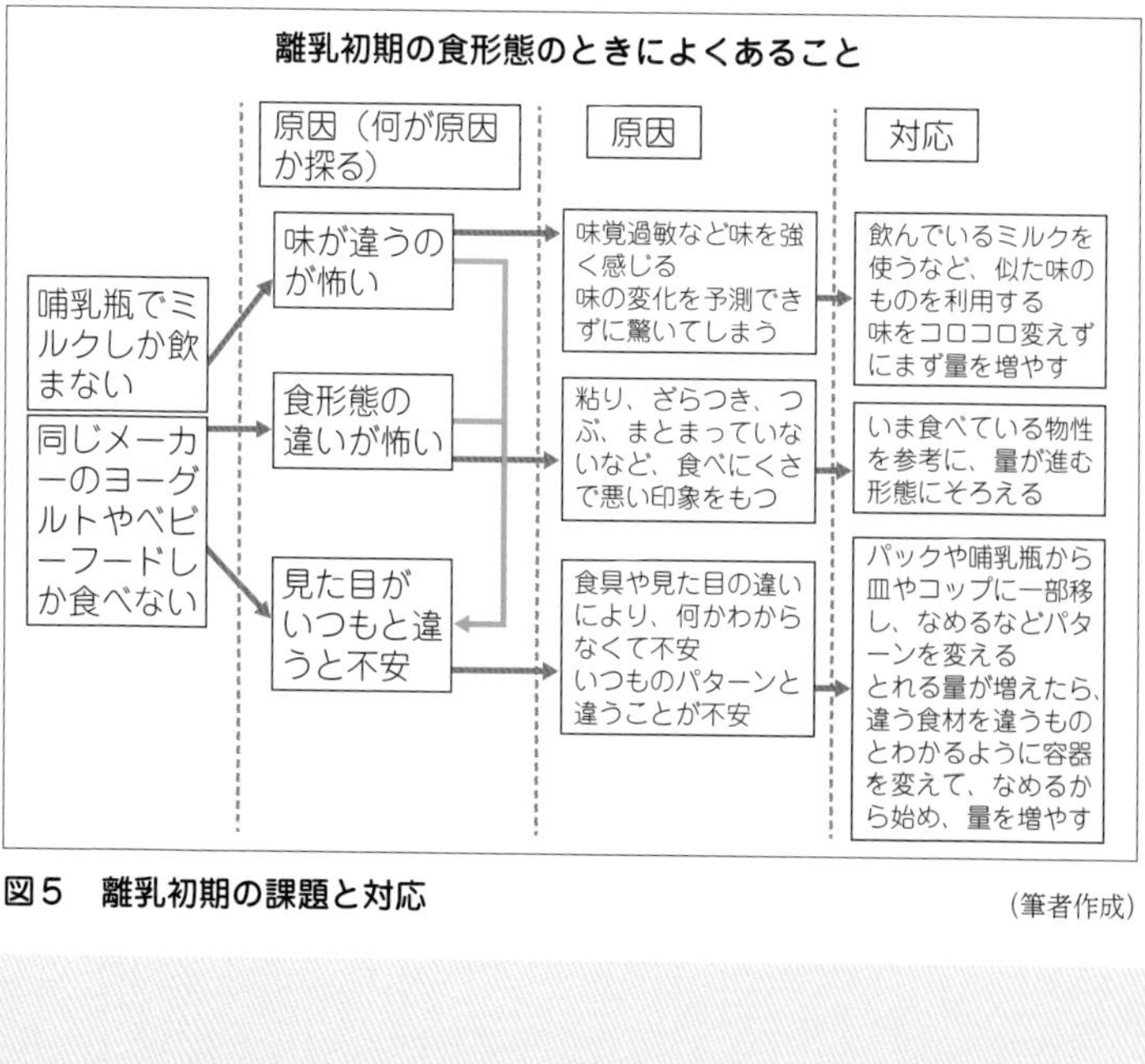
離乳初期の食形態のときによくあること
原因（何が原因か探る）
原因
対応
哺乳瓶でミルクしか飲まない
同じメーカーのヨーグルトやベビーフードしか食べない
味が違うのが怖い
食形態の違いが怖い
見た目がいつもと違うと不安
味覚過敏など味を強く感じる
味の変化を予測できずに驚いてしまう
粘り、ざらつき、つぶ、まとまっていないなど、食べにくさで悪い印象をもつ
食具や見た目の違いにより、何かわからなくて不安
いつものパターンと違うことが不安
飲んでいるミルクを使うなど、似た味のものを利用する
味をコロコロ変えずにまず量を増やす
いま食べている物性を参考に、量が進む形態にそろえる
パックや哺乳瓶から皿やコップに一部移し、なめるなどパターンを変える
とれる量が増えたら、違う食材を違うものとわかるように容器を変えて、なめるから始め、量を増やす

図5　離乳初期の課題と対応

（筆者作成）

〈離乳食中期の状態で進んでいない場合〉

おかずは、食材を圧力鍋などでなるべく軟らかく煮て、舌でつぶせる硬さにするか、難しい場合は細かく刻み、とろみ剤や片栗粉でとろみをつけるなどしてまとまりのある形状に作り、お粥と別におかずを食べられるようにしていくと進みやすくなります。

軟らかい食感やとろみが苦手な場合は、現在食べているものの量を少しずつ調整しながら、後期完了期の噛むための支援を行っていくとよいです。

〈離乳食後期・完了期の状態で進んでいない場合〉

現在食べている噛みやすいものの量を少しずつ調整し、より硬いものに変え種類や量を増やしていくとよいです。舌の左右の動きが不十分な場合や、歯に食べものが当たっている状態が少ない場合は、ボーロや赤ちゃんせんべい、スナック菓子などを介助者が手に持っ

出典：広島市社会福祉事業団ホームページ「なぎさ園の食形態の作り方」
http://www.hsfj.city.hiroshima.jp/020201030400seibukyusyoku.html

て、かたまりのまま口の中に入らないように注意しながら、歯に当てる練習をしてみましょう（イラスト上）。すぐ飲んでしまう、噛む力が弱い、すりつぶしができない場合などは、ガーゼに難しい食材を包んで噛む練習をしてみましょう（イラスト下）。ガーゼの受け入れが難しい場合で、ポテトやスナック菓子などを食べられる場合は、感覚的な課題でのカリカリ食を利用することも考えられます。

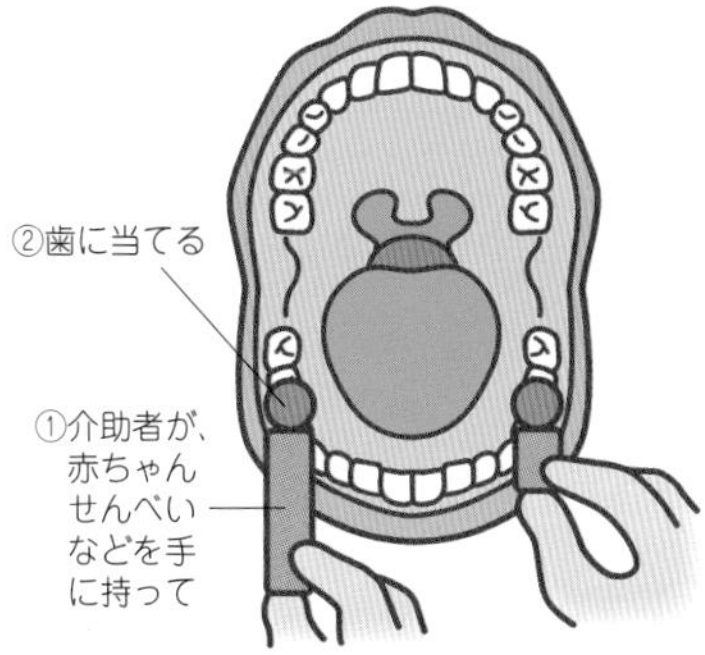
②歯に当てる
①介助者が、
赤ちゃん
せんべい
などを手
に持って

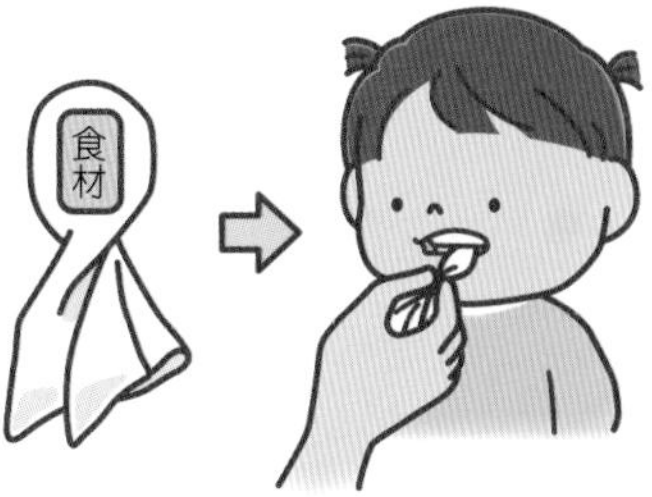
食材

◆感覚に課題がある場合の支援

〈感覚的な支援〉

子どもたちは様々な感覚で目の前の食材が食べられるものかどうか判断しています。触覚、味覚など、その子によって違いますが、筆者の栄養士としての長年の経験から、図6

の三つのグループに大きく分けて参考にしていくと、わかりやすいのではないかと考えています。

〈刺激の強いものを好む場合〉

「温めたり、ふりかけをかけないと食べられない」「ジュースしか飲めない」「味が濃いものでないと食べられない」場合などは、刺激が強くないとおいしく思えなかったり、口が上手く動かなかったりします。気づいた一部分のみを直そうとしても、良かったり悪かったりを繰り返すようになります。そこで、食生活全体の刺激の調整が必要になります。表1（78頁）の「感覚的に強い」メニューから「感覚的に弱い」メニューになるべく全体を

偏食対応のグループ分け

感覚で選ぶ

食材を揚げるなどして、好みの食感・触感・味・温度・色・匂いに変える。感覚に合わせて少しずつ普通食に近づくように変化させながら食べ過ぎるものを減らす。

（例）ほうれんそうなどの野菜をカリカリに揚げる。めんは、かために揚げて少しずつ炒めるなど軟らかくしていく。

形態で判断する

千切りにするなど、切り方を好みの形態にする。好みの味付けや調味料をかける。食べられるようになったら、味を薄めていく。食べ過ぎるものを減らす。

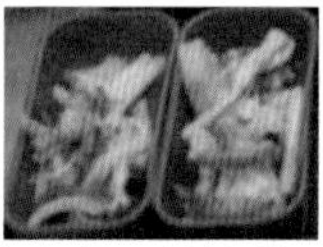

（例）食べない食材を千切り状にし炒める。肉、魚を細い線状の唐揚げにする。食材を分けて小皿に見えやすく盛り付ける。茶色く煮る。好みの調味料をかける。

なれたものを食べる

家で食べるものを再現する。
食材をわかりやすくする。
好きなものとひきかえ食べられるものを増やす工夫をする。同時に食べ過ぎるものを減らす。

料理で覚えている場合はその料理を少量つける（カレー、焼きそば、ハンバーグ、煮物など）。食べられるようになったら、口腔感覚対応食をなくしていく。

図6　偏食対応の３グループ　（筆者作成）

変えていくと、刺激の少ないものの受け入れがよくなってきます。食生活の刺激を減らしながら空腹をつくり、ふりかけの量などの上限を施設や家で統一して決めて少しずつ減らしていくと、それらがなくても食べられるようになっていきます。

また、刺激の調整をすることは、野菜などのおかずは味が薄いことが多いため偏食の改善にもつながります。

カリカリ食の作り方

（材料）　小麦粉50ｇ　水80ｇ　塩少々　油適宜　揚げたい材料
カリカリ食は以下の五つの作り方があります。

A　**素揚げ**　何もつけないで揚げ、塩をふる。
B　**小麦粉をつけるだけ**　小麦粉に塩を入れて、材料をまぶし120～125℃で揚げる。
C　**天ぷらにして揚げる**　小麦粉50ｇに塩を入れ、水を80ｇ入れて混ぜ、材料につけて120～125℃で揚げる。
D　**フライにして揚げる**　小麦粉50ｇに塩を入れ、水を80ｇ入れて混ぜ、材料につけ、それにパン粉をつけ、120～125℃で揚げる。
E　**フライパンで焼き、塩ふる**

出典：広島市社会福祉事業団ホームページ「なぎさ園の食形態の作り方」
http://www.hsfj.city.hiroshima.jp/020201030400seibukyusyoku.html
動画「カリカリ食の作り方」参照
http://www.hsfj.city.hiroshima.jp/images/0202010304image/nagisakyusyoku10.mp4

表1 「感覚的に強い」メニューと「感覚的に弱い」メニュー

感覚的に強い	感覚的に弱い
カレー　のりやふりかけごはん	白いご飯
菓子パン　トースト　ホットケーキ　ピザ	食パン（焼かない）　ロールパン
インスタントラーメン　焼きそば	うどん　味の薄いスパゲティ
揚げた肉　煮物の肉　ウインナーベーコン	味の薄い炒めた肉　汁の肉
揚げた魚　刺身　干した魚　煮魚	焼いた魚　薄味に煮た魚
薄焼き卵　よく焼いた卵焼き　プリン	厚焼き玉子　ゆで卵　かきたま汁
マーボー豆腐　揚豆腐　冷奴（醤油）	汁の豆腐　薄く煮た豆腐
きんぴら　ドレッシングのサラダ　煮物野菜　野菜ジュース	汁の野菜　塩コショウの炒め物
チーズ　ヤクルト　カルピス　ジョア	ヨーグルト　牛乳
果物のジュース　果物のゼリー	生の果物
炭酸　牛乳　ジュース　ペットボトルのお茶　冷たいもの　熱いもの	お茶　水　温度にこだわりがない
ポテトチップス　スナック菓子　あめ　グミ　チョコ　甘味や塩気の強いもの	味の薄い、硬くないもの

（筆者作成）

ジュースしか飲めないといった場合も、食生活全般を変えながら、一日に飲む濃度を統一し、二週間以上平気で飲むようになったら、白湯と10 mlずつ差し替え、白湯を増やしていくとお茶や水が飲めるようになることが多いです。

〈栄養に課題のある場合の支援〉

家庭では、子どもが食べないときがあったり、食事量が足りていないと思っていたりするので、「食べるときになるべく食べさせたい」と、子どもが欲しがるときに欲しがる食べ物をあげていたり、遊びながらでも長い時間をかけて食事させたりしていることも多く見受けられます。そのため、子どもが、食事は欲しいときにもらうもの、ウロウロして食べるものと思ってしまっていることもあります。支援者は、成長曲線から見た現在の栄養状況を家族に説明し、一食ごとの食事量を整えていくことが、子どもが毎食安定して食べることや食材の種類が増えていくことにつながることを伝えましょう。まずは少しずつ生活をどう変えるか、相談していきましょう。

① 食事時間を整える：　朝、昼、間食、夕以外は食べる時間でないことをわかりやすくするため、それ以外は食べるものを出さないようにし、他の時間はお茶や水程度にします（水分が不足する場合は、飲めるものを飲むようにしますが、だんだん薄めていくこと）。

② 間食は100kcalまでにする：　お菓子が多い場合は、まず、午後の一回のみにします。一回のお菓子の量が多い場合は、段階的に減らして100kcalにしてもらいます。食べるものがご飯や牛乳などお菓子でないものであっても、この時間にとるエネルギーは100kcalまでに抑えてもらうようにします。間食を終わりにできずに泣いたり、暴れたりするようになってしまっている場合は、「おしまい」がわからなくなっていることが多いので、図7のような対応をするとよいでしょう。目で見えなくなると「おしまい」とわかり、しばらくは泣くことはありますが、やがてわかると泣かずに終われるようになります。

③ 一食に赤・黄・緑のグループをそろえる：　緑は、食べられる種類が少なければ、好きなものの繰り返しでもよいです（図8）。

④ 多く食べているものの上限量を決める

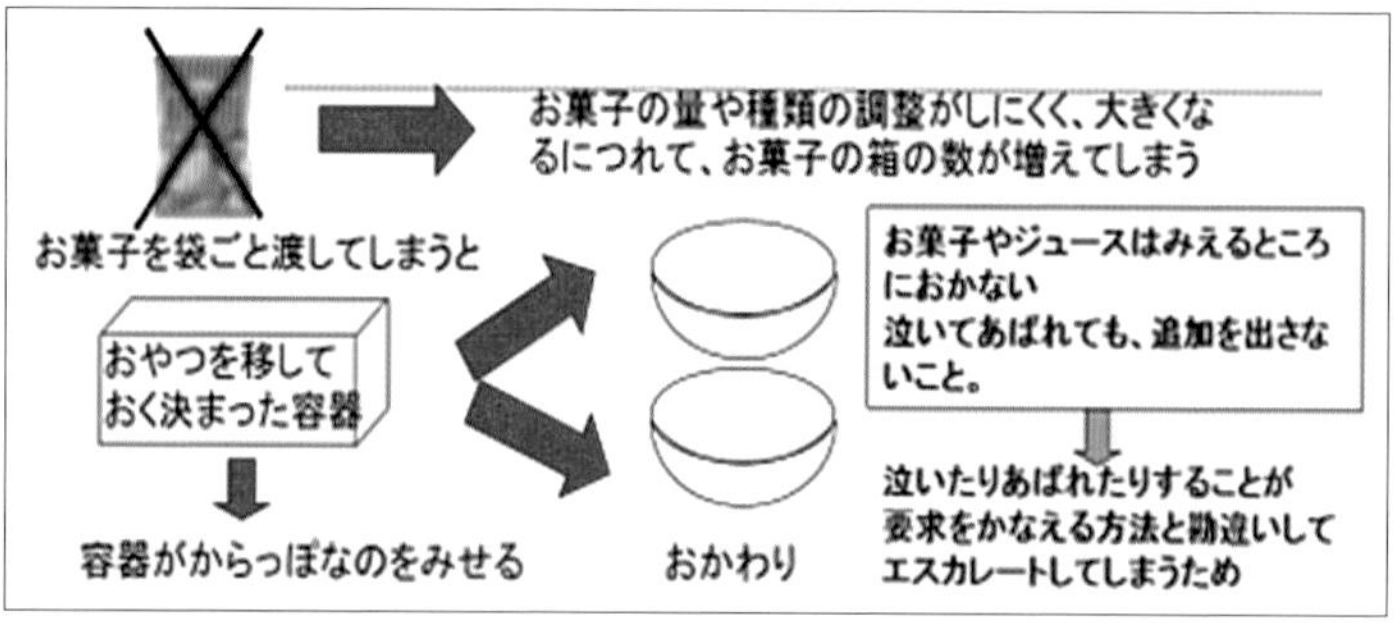

図7　間食の工夫

（筆者作成）

図８　赤・黄・緑の食品グループ

出典：山根希代子監修、藤井葉子編著『発達障害児の偏食改善マニュアル』中央法規出版、2019年、p.132「食育マット」

○黄色いグループ

幼児でご飯は一回、子ども茶碗一杯程度（100g）にします（必要エネルギー量の少ない場合は50gぐらいでおかずの種類が増えるようになることもあります）。

○赤いグループ

肉、魚、豆腐、納豆などは合わせて一回に40g程度、乳製品は一日200g程度にしてもらうようにします。ただし、乳製品を減らす場合は、水分の量が落ちないように他のものでとるように気をつけましょう。

○緑のグループ

緑のグループは食べられるものが少ない、ということがよくあります。食べる優先順位にまかせると黄色や赤のグループばかりになり、エネルギー量が高くなってしまいます。同じものばかりでも、前に食べたことがあるものなどを、子どもが残してもいいので加えるようにしていきましょう。

緑のグループで食べられるものがない場合は、ポテトなどでもいいのですが、量が多すぎると他の食材が摂れなくなるので、家族の食べる料理で使っている食材を揚げたものなどもつけるようにしていきます。そのとき、本人の横に家族と同じ料理を見せる程度に少量置くようにしましょう（図9）。そうすることで、揚げものを自分の食べるものだと認識するようになり、また、揚げものと家族の料理の食材が同じだとわかると、家族の料理（揚げていないもの）にも手が出るようになります。

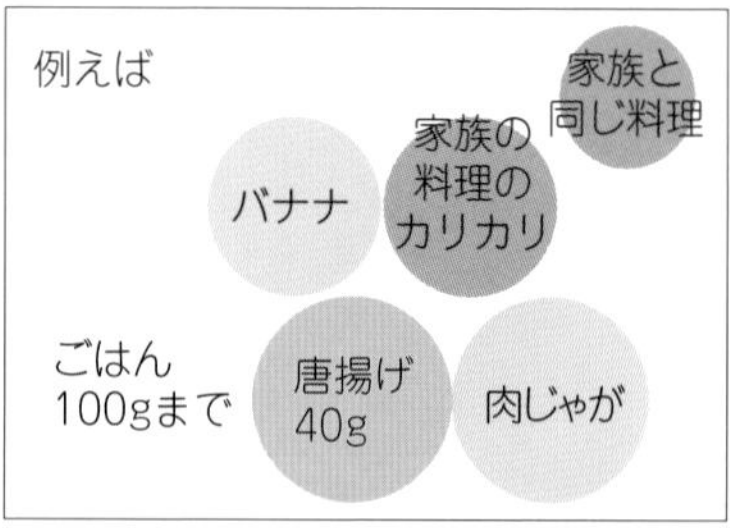
例えば
家族と同じ料理
バナナ
家族の料理のカリカリ
ごはん100gまで
唐揚げ40g
肉じゃが

図9　緑のグループが苦手な場合の工夫例
（筆者作成）

〈その他の支援〉

○食材をわかりやすくする

・食材ごとに盛り分けます（図10の①）。

・食べられそうなものだけ別の皿に盛り替えます。

○食材カードを利用する

物の名前を覚えられるようなお子さんの場合、食材カード（図10の③）を利用して食材の名前を覚えることで、料理によって見た目が変化しても、食材がわかりやすくなり、食べやすくなることもあります。

○食べることができたことをわかりやすくする

お皿に盛る量を子どもの状態に合わせ、別皿によけて減らし、お皿を空っぽにできる経験ができるようにします（図10の②）。

①

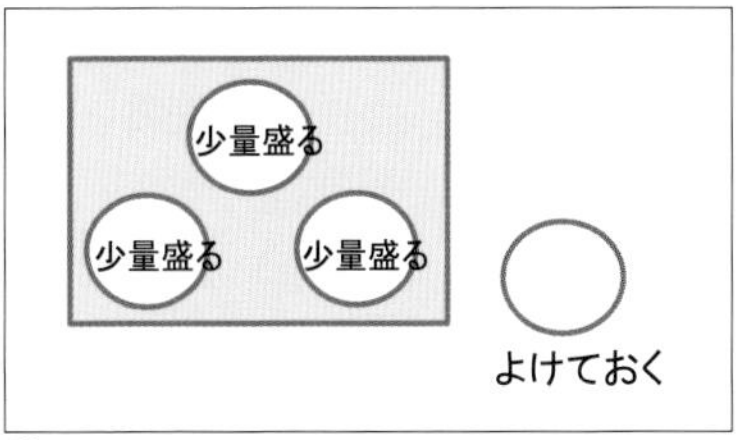

②

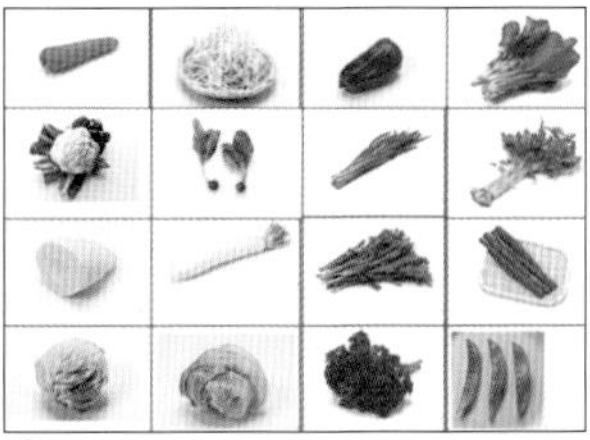
③

図10　いろいろな支援の例　（筆者作成）

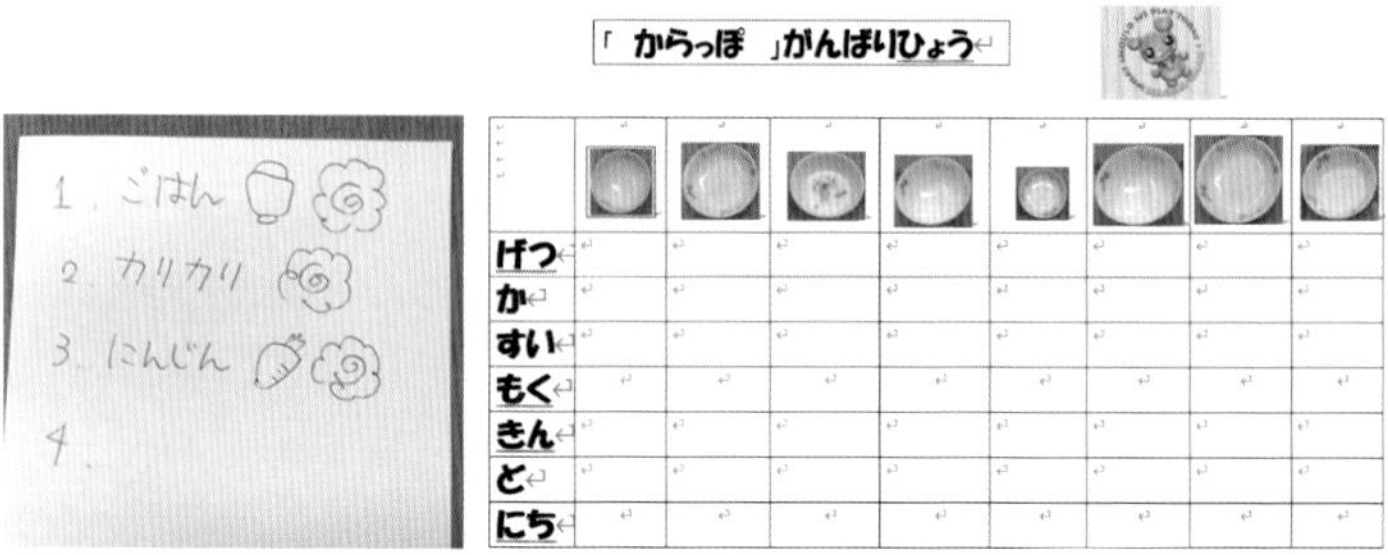
1. ごはん
2. カリカリ
3. にんじん
4.
「からっぽ」がんばりひょう
げつ
か
すい
もく
きん
ど
にち

図11　食べることができたことを視覚化　（筆者作成）

空っぽにできるようになったら、盛り付け量を増やしていきます。

お皿を空っぽにできたら、シールを貼ったり花丸をつけたりする表や、数字が好きな子には、番号をつけ絵や花丸を付けるなど頑張ってできたことを見てわかるようにすると励みになり、食が進む場合もあります（図11）。

〈参考文献〉

・金子芳洋編著、向井美恵・尾本和彦著『食べる機能の障害―その考え方とリハビリテーション―』医歯薬出版、一九八七年
・山根希代子監修、藤井葉子編著『発達障害児の偏食改善マニュアル』中央法規出版、二〇一九年、一三二頁「食育マット」

Column

「幼児期の終わりまでに育ってほしい姿」と食育

くらき永田保育園園長　**鈴木八朗**

保育所保育指針や幼稚園教育要領が示す『10の姿』（「幼児期の終わりまでに育ってほしい姿」）もそうですが、『力』ではなく、あえて『姿』という言葉を、なぜ保育界では好んで使うのでしょう。ここには子どもたちと食育活動を進めていく上で大切なポイントがあると思っています。

私たち大人が考えた到達目標に対し、「できた」「できない」と子どもたちを評価するのが専門性ではありません。むしろ子どもたちの「困り感を解消」したり、「やってみたい」を拡張」したりする支援が重要です。

幼児期の終わりまでに育ってほしい姿

①　健康な心と体
②　自立心
③　協同性
④　道徳性・規範意識の芽生え
⑤　社会生活との関わり
⑥　思考力の芽生え
⑦　自然との関わり・生命尊重
⑧　数量や図形、標識や文字などへの関心・感覚
⑨　言葉による伝え合い
⑩　豊かな感性と表現

それらを実現するには、「内面的な心の動きも見ていく」こと、そして、「結果だけでなくプロセスを把握する」ことが大切だと思われます。そういった視点を踏まえて「10の姿」を因数分解してみると、育ってほしい三つのテーマが浮かび上がってきます。それは、

① 自分のカラダを使って目的を達成する姿
② 自分のアタマを使って考える姿
③ 友達と関わる姿

です。

この三つの姿は保育中のあらゆる場面で遭遇しますが、三つの姿が同時に見られるのは「食」に関する活動場面が多いことに気が付きます。「食」は子どものトータルな育ちを把握したり、支援したりするには効果が高いことがわかります。

逆に言うならば、食の場面で私たちは何を見て、そして、何を保護者に伝えるべきなのでしょうか？　完食したかどうかだけではありませんよね。

STEP 2

心と体を健やかにはぐくむ

発達段階別「食育」のすすめ

1 ○歳児の食育

東洋大学非常勤講師　太田百合子

子どもの食べたい意欲は、周囲の人の温かいまなざしや適切な対応・環境づくりから育まれます。生涯にわたり健康な心と体をつくるには、乳幼児期の基礎づくりが大切です。一人ひとりの子どもの発育・発達に応じて、園と家庭で連携しながらサポートや食育を行っていきます。

1 ○歳児の食の発達のポイント

乳児期は発育の旺盛な時期ですから、必要とするエネルギーや栄養素を多く必要とします。消化機能に合わせて栄養の管理をすることがとても重要です。一人ひとりの身長・体重の変化を確認しながら栄養状態の評価を行っていきます。

発達に合わせた栄養のとり方は、赤ちゃんの消化・吸収しやすい母乳・ミルクに始まり、五～六か月頃からは固形物を口から取り込んで消化できるようになります。消化の良いものから始め、かたさ、大きさ、とろみの調整等をしながら食材を試して消化機能の発達を促します。

離乳食の進め方は、月齢を参考にしますが、個人差が大きいので子どもの口の動きにも注目します。舌の動きの変化に伴い咀嚼が上手になり、歯が生えてくると前歯でかじることも覚えていきます。やがて、自分で食べたい気持ちが芽生えると「手づかみ食べ」が始まります。食べ物をさわってみたり、つぶしてみたりしながら自ら口に持っていくことを覚えていきます。

保護者や保育者等と食卓で共に過ごしたり食べたりするうちに、同じ

ものを食べたくなります。「おいしいね」などと共有することは喜びとなり、人と食べる食事の楽しさを覚えていきます。食べ方は未熟なために、口にためて飲み込めない、食べられない、まる飲み等があるので、よく観察して調理の工夫をし、無理強いせずに対応していく必要があります。

2　援助や環境構成の工夫

授乳期の発達と援助

いつも関わってくれる人に対して信頼関係が育まれるので、保育者は担当制にするとよいでしょう。静かに集中して授乳ができるコーナー等を設け、赤ちゃんと目を合わせてやさしく声がけしながら与えます。

母乳やミルクを泣いたら与えるのは〇～一か月頃です。一か月頃には空腹以外でも泣くことがあるので空腹以外の理由を考えることも大切です。二～三か月頃になると吸い方にゆとりが出てきて遊び飲みをするようになります。四～五か月頃には授乳間隔にリズムがついてきます。授乳が進まないときは中断し、やさしく声がけをしたり、抱き方を工夫したりしながら集中できるようにします。飲む量が適当かどうかは体重の増え具合を確認します。授乳にかかる時間を確認しながら、ほ乳瓶の乳首の穴の大きさやキャップの締め具合を定期的に確認します。おもちゃをなめることは唇の刺激になるので遊びも工夫します。

離乳開始の目安

首がすわり、寝返りができ、五秒くらい座れること、大人が食べる姿を見せると食べたそうに指しゃぶりをしたり、モグモグと口を動かしたりして、唾液の分泌量も増えます。離乳食用のスプーンを下唇の上にのせると舌で押し出すこと（原始反射）が少なくなります。このような様子が見られるのは、五～六か月頃ですが、子どもの発達に合わせます。受け入れのときに、早産や多胎だったり、障害をもっていたりなどの情報を確認した場合には、なおのこと月齢ではなく、発達に合わせていきます。

離乳食の進め方

保護者と一緒に進めていくには、「離乳の進め方の目安」（表1）を参考にしながら、連携していきます。入園の際には、家庭での進行状況を把握しておきましょう。

開始後は、発達の早い・遅い、大きい・小さい、小食・大食等個性に合わせながら、離

表１　離乳の進め方の目安

	離乳初期	離乳中期	離乳後期	離乳完了期
	離乳の開始 →			**離乳の完了**
	以下に示す事項は、あくまでも目安であり、子どもの食欲や成長・発達の状況に応じて調整する。			
	離乳初期 生後５～６か月頃	離乳中期 生後７～８か月頃	離乳後期 生後９～11か月頃	離乳完了期 生後12～18か月頃
食べ方の目安	○子どもの様子をみながら１日１回１さじずつ始める。 ○母乳や育児用ミルクは飲みたいだけ与える。	○１日２回食で食事のリズムをつけていく。 ○いろいろな味や舌ざわりを楽しめるように食品の種類を増やしていく。	○食事リズムを大切に、１日３回食に進めていく。 ○共食を通じて食の楽しい体験を積み重ねる。	○１日３回の食事リズムを大切に、生活リズムを整える。 ○手づかみ食べにより、自分で食べる楽しみを増やす。
調理形態	なめらかにすりつぶした状態	舌でつぶせる固さ	歯ぐきでつぶせる固さ	歯ぐきで噛める固さ
１回当たりの目安量				
Ⅰ　穀類（g）	つぶしがゆから始める。 すりつぶした野菜等も試してみる。 慣れてきたら、つぶした豆腐・白身魚・卵黄等を試してみる。	全がゆ 50～80	全がゆ90 ～軟飯80	軟飯90 ～ご飯80
Ⅱ　野菜・果物（g）		20～30	30～40	40～50
Ⅲ　魚（g）		10～15	15	15～20
又は肉（g）		10～15	15	15～20
又は豆腐（g）		30～40	45	50～55
又は卵（g）		卵黄１～ 全卵１/３	全卵１/２	全卵１/２～ ２/３
又は乳製品（g）		50～70	80	100
歯の萌出の目安		乳歯が生え始める。	１歳前後で前歯が８本生えそろう。	離乳完了期の後半頃に奥歯（第一乳臼歯）が生え始める。
摂食機能の目安	口を閉じて取り込みや飲み込みができるようになる。 	舌と上あごでつぶしていくことができるようになる。 	歯ぐきでつぶすことができるようになる。 	歯を使うようになる。

※衛生面に十分に配慮して食べやすく調理したものを与える。
出典：厚生労働省「授乳・離乳の支援ガイド（2019年改定版）」2019年を基に作成

乳食の形態や量を確かめ、乳児身体発育曲線などを活用して栄養状態を確認していきます。連絡帳、アプリなどのやりとりを通して家庭と園で食べた食材、量、時間、排泄等の状況を共有します。

離乳開始頃は、口を開けなかったり泣き出したりする子もいます。その場合は無理に与えることはしません。中期頃には、白がゆを嫌がるなど、食の好みが出てきます。食欲旺盛で次々欲しがる子はまる飲みの可能性があるので、ゆっくり与えることや形状をステップアップします。「おいしいね」「モグモグね」などと声がけしながら子どものペースを大切にします。後期頃には、自分で食べたいものを指さしして教えるようになります。食事への興味が強くなる一方で、食事中に椅子から立ち上がったり、食べ物にさわって遊び食べが盛んになります。手づかみしやすいものをメニューに取り入れて、手づかみ食べを促します。遊び食べは食べ物への興味でもあるため、ある程度は見守ります。食事前にはおもちゃを片付け、手洗い、エプロンをつけ、あいさつをするなど一連の流れの中で習慣にしていきます。

食物アレルギーの対応は、初めて食べる食材を必ず家庭で試してもらい、症状の有無を確認してもらいます。試して欲しい食材やその記録の確認には「食材チェック表」などを通して相互にやりとりをします。食材の調理に不慣れな保護者には、大人がおいしく食べられるレシピなどを伝え、取り分けの方法を伝えるとよいかもしれません。

食育のポイント

早寝早起きの生活リズムと食事の前はお腹をすかせて食べるというリズムを習慣にしていきます。離乳食から徐々に栄養をとれるようにしていくには、いろいろな食べ物を見たり、さわったり、味わったりの経験を大切にします。そして自分で食べる意欲を育てましょう。

授乳期・離乳期は、保護者の食の心配事が尽きません。例えば、にんじん等がそのまま便に排泄されるが大丈夫か、授乳と離乳食のバランスはとれているか、食べ過ぎる、食べない等の日々の悩みがあります。保護者を励まし、アドバイスを行うことも大切です。

3 食育実践の例（指導計画）

↓表2

食育指導計画は、一年や四期に分けて、食べ物への関心や食べたい意欲を持たせるなどの目標からねらいを考えます。子ども一人ひとりの発達に合わせることが大切なので、個

表2　0歳児　指導計画・記録例［A児］

項　目	4か月	8か月
発達の様子	・首がすわる。 ・授乳間隔が整ってきた。 ・おもちゃをよくなめる。	・お座りが安定する。 ・食品の好みが出てきた。 ・食べ物を上あごに押し当ててつぶして食べている。
ねらい	・心地よい環境の中で、生活リズムを整える。 ・1対1の関係を大切にする。	・品数を増やし、食べたい意欲を引き出す。 ・歯茎でつぶして食べる。
保育者の留意点	・授乳するときは優しく語りかける。 ・じっと見つめてきたら、笑顔で安心させてあげる。	・まる飲みしていないか確認する。 ・便の状態を確認しながら離乳食のかたさ、大きさを少しずつ変える。 ・動きやすい環境をつくり、食事の前はお腹をすかせる。
食事環境	・ほ乳瓶などの口にするものは衛生管理を徹底する。 ・口を拭くタオルを用意する。 ・静かな部屋で集中して飲めるようにする。	・椅子とテーブルの高さを合わせる。 ・手や口を拭くタオルを用意する。
成長の記録	乳児身体発育曲線に記入すると順調である。 よだれが増える。 大人が食べている様子を見て口をもぐもぐと動かす。	乳児身体発育曲線に記入すると順調である。 食べられる食材が増えている。 食事が目の前にくると喜ぶ。
家庭の様子	・授乳のリズムは安定している。夜中3時頃から授乳が頻回になり母親は寝不足の様子。離乳食開始に不安感あり。	・最近は好みがあり、ほうれん草をあまり食べず、納豆はよく食べる。好きなものは催促して欲しがるようになる。手で食べ物をつかみたがる。
家庭支援	・離乳食の進め方の資料を渡す。サンプルを見せ、かたさを指で確認してもらう。	・ほうれん草の調理方法をレシピで伝える。今後の手づかみ食べについて伝える。

（筆者作成）

別の指導計画とともに記録を残すとよいでしょう。月齢、発達の様子、ねらい、保育者の留意点、食事環境、成長の記録、家庭での様子とその支援などを一覧表にしておくと職員間で共有しやすいものです。

「子どもが食べない」という悩みの背景には、保護者の食に対する悩みや不安感が影響していることもあります。授乳・離乳の相談、講習会、離乳食のレシピの提供などを積極的に行いましょう。

2 一～二歳児の食育

東洋大学非常勤講師　太田百合子

1 一～二歳児の食の発達のポイント

咀嚼能力や消化・吸収能力は、まだ十分ではありません。しばらくは、離乳完了期の食事と変わらない形やかたさを続けて、徐々に大人の食事に近づけていきます。乳歯が生えそろう三歳頃までは食べにくいものが多いので、食材の特徴に合わせてかたさ、大きさ、とろみなどを工夫し、誤嚥・窒息事故は予防する必要があります。味付けも薄味にします。

毎日の活発な活動量と盛んな発育のために、多くのエネルギーと栄養素を必要とします。しかし、精神面の発達により、遊び食べ、食べむら、好き嫌いなどがあり、食べる量は安定しません。無理強いをしたり好きなものばかり与えたりすると食欲を失わせてしまうので、生活全体のリズムを整えながら、根気よく付き合っていきます。

食事中は、立ち上がったり、動き回ったり集中力も長続きしません。食事と遊びの区別を教え、子どもの状態に応じた手助けも行います。

手指機能の発達により一歳頃になると手づかみ食べが盛んになり、二歳頃にはスプーン、フォークの使用に代わっていきます。こぼす、食べ物で遊ぶなどを繰り返し、食べ方も上手になるので、見守りながら食べる意欲を持たせます。

2 援助や環境構成の工夫

運動機能と情緒、知能など精神面の発達が著しい時期です。食行動も目覚ましい発達を遂げます。食生活の面での自立を少しずつめざしていきます。一人ひとりの子どもの心や体の発達に合わせて、その時期にふさわしい食行動ができるように周囲の大人は環境を整え、適切に手助けをします。

一歳頃

手づかみとスプーン、フォークを使って食べたがります。スプーンを握ってなめたり、すくおうとしたりしますが、うまくできません。コップは両手で持てますが、しっかり持てないのでひっくり返したり、こぼしたりすることが多いものです。手づかみもするので食前は手やテーブルをきれいにします。「いただきます」のあいさつも大人がきちんと言いましょう。一人で食べたがりますが、かなり散らかすので、エプロンをつけて椅子の下にはシートを敷いて食べこぼしに備えます。一人で食べようとする気持ちを大切にし、満足したら手伝ってあげます。

食べることが大好きでいつまでも欲しがることもあります。「お腹いっぱいだね」「最後の一つだよ」などと満腹感を感じられるような声がけをします。

一歳半頃

スプーン、フォーク、コップを少しずつ使いこなせるようになります。しかし、こぼす、ひっくり返すことはまだ多く、遊び食べにもなりやすいものです。引き続き食べこぼしに備え、褒めたり励ましたりしてさりげなく手伝います。

動き回ったりして食事を終えるまでじっとしないのも、この時期です。全部食べるように強制してしまうと食べる意欲が薄れます。無理強いせずに食べる楽しさを教えていきます。食事時間は、三〇分程度とします。食べながら寝てしまうこともあり、食事時間通りにはいかないこともあります。そんなときは食事時間を変えたり、その後の食事や補食で調整したりします。

二歳頃

スプーン、フォーク、コップの使い方が上達しますが、まだ手助けが必要です。とても気が散りやすく、遊び食べが多い時期です。食事の前はお腹をすかせる、おもちゃを片付ける、手を洗う、「いただきます」を言うなど一連の行動を身に付けさせます。家庭ではテレビは消す、一緒に食べるなど、食卓環境を整えます。お茶碗をたたいたりして遊ぶ様子が見られたら、「ごちそうさまかな」と声をかけ、食事と遊びの区別をつけるようにしていきます。

二歳半頃

自分でやりたい気持ちが強い反面、うまくできないとかんしゃくを起こします。一方で保育者に甘えて、食べさせてもらいたがることもあります。「おいしそうだから食べてみて」「上手にスプーンが使えたね」などと誘って、自分でやり遂げたことに誇りを感じるように付き合います。

食事中には、「おいしそうなにおいね」「甘いよ」などと五感で味わって食べるように、声がけに工夫して食べ物に興味や関心を高めます。

スプーンの持ち方は親指と人差し指で持てるようになり、ほとんどこぼさずに口に運ぶようになります。食欲、好き嫌いにはムラが見られます。今まで同じものばかり食べたがっていても急に食べなくなることもあります。特定の食器にこだわりも出てきます。飽きやすいので、献立はワンパターンにならないようにします。気分に振り回されないためにもほどほどに向き合い、静観することも一つの選択肢です。

3　食育実践の例（指導計画）

⬇表3

指導計画は、一年や四期に分けて食べ物への関心や食べたい意欲を持たせるなどの目標からねらいを考えます。個人差が大きいため、月間の食育計画は個別に作成し、実践していきます。月間計画では、前月の様子を踏まえ、次月に体験させたい活動や達成したいねらいを決めます。全体の指導計画では対応できないことなどを個別に、月案、週案、日案に落とし込んで作成します。前月の発達の様子から、ねらい、保育者の留意点、食事環境を計画し、成長の記録、家庭での様子やその支援などを一覧表にして次月の食育計画の参考にします。

保護者の食の悩みが多くなります。保護者の悩みをよく聴いたり、園の様子を伝えたりして前向きになれるように援助することも大切です。個別相談、講習会、レシピ紹介を積極的に行います。

表3　1～2歳児　指導計画・記録例［B児］

項　目	1歳3か月	2歳3か月
前月の発達の様子	・前歯でのかじり取りは少ない。 ・手づかみ食べが盛んであるが、スプーンを持ちたがる。 ・言葉のやりとりに興味を持つ。	・好きなものを先に食べ、苦手なものはあまり食べない。 ・手づかみ食べが減る。 ・会話を楽しみ過ぎて食事が遅くなる。
ねらい	・自分で食べる意欲を育てる。 ・手づかみ食べを十分にさせる。	・ばっかり食べを軽減する。 ・友達とテーブルを囲んで食事を進めることを楽しめるようにする。 ・スプーン、フォークを使って食べ、意欲を持たせる。
保育者の留意点	・「いただきます」「ごちそうさま」のあいさつを一緒にする。 ・前歯でかじり取るように補助する。 ・食欲に合わせて、分量、食事時間、調理形態の調整をする。	・空腹で食事を迎えられるようにする。空腹を感じたら食事をする感覚をつける。 ・苦手なものにも「おいしいよ」と誘って促す。 ・咀嚼の様子を観察して、食べやすい食事内容にする。
食事環境	・体に合った椅子とテーブルの高さに調整する。 ・口や手を拭くためのおしぼりを用意する。 ・楽しい雰囲気の中で食べられるようにする。	・椅子とテーブルの高さ、食器、食具は扱いやすいものか確認する。 ・やさしく励ましながら自分で食べる楽しさにつなげる。 ・好きな音楽をかけたり、行事に合わせて部屋を装飾する。
成長の記録	幼児身体発育曲線に記入すると順調である。 前歯が8本生えそろう。 スプーンを使うので手伝おうとすると嫌がり、自分でやりたがる。	幼児身体発育曲線に記入すると順調である。 肉は食べにくそうであるが、たいていのものをよく噛んで食べる。 野菜を苦手とするが、促せば食べることもある。ピーマンは食べない。
家庭の様子	・食べむらが増える。 ・立ち歩いて食べるようになり集中しないと相談あり。 ・授乳は、寝る前だけになる。	・好き嫌いの自己主張が増える。 ・食欲不振であるが、無理強いせずに付き合っている。 ・「食べさせて」と甘えるので、食べさせている。
家庭支援	・肉や生野菜を嫌がると相談があったので調理のしかたを伝える。立ち歩きの相談では、椅子の高さが合っていないようだった。	・夕食の前にジュースを欲しがるため与えていたが、やめてもらったら少し食べるようになったと報告があった。

（筆者作成）

3 三～五歳児の食育

東洋大学非常勤講師　**太田百合子**

1　三～五歳児の食の発達のポイント

食事を自分で食べるようになり、食事の最後まで安定して食べることができます。奥歯が生えそろうことで、ほぼ大人と同じものを咀嚼できるようになります。家族や保育者の態度やマナー、配慮、言葉を真似て吸収していきます。例えば、食事の始まりと終わりのあいさつ、食事の前は手を洗う、よそった食事を残さない、茶碗を持って食べる等です。食の興味から、栽培、収穫、食事のお手伝い等をしたがります。見て、触って、聞いて、覚えて自分のものにしていきます。

仲間と共に食事をする機会は、友達の食べる様子を見たり、食事のペースを合わせたり、おしゃべりを楽しんだりしながら集団への適応行動も促されます。

自己管理を身に付けるのもこの頃です。今日はたくさん、今日は少なめというように食欲に合わせて選ぶことができます。給食等を通して「食べられるだけ」「きちんと食べる」

といった責任感を持つ感覚が育ちます。それまで食べたがらなかった食材を自ら食べようとする姿が見られます。

さらに五歳児頃の興味・関心は、外の環境、社会に広がります。畑を見学するときに、これは熟している、これはまだ早いなどと教えるとよく観察するようになります。生産者の作る過程を知ることで感謝するようになります。もっと知りたい気持ちは図鑑で調べるなど、自発的な行動につながります。食事に至るまでの豊かな体験は、子どもたちの人格形成に深く関係しています。

2　援助や環境構成の工夫

三歳児頃

乳歯が生えそろい奥歯で噛んですりつぶせるようになりますが、噛む力は弱いので大人よりも軟らかめに調理します。食べ物をスプーンで上手にすくい、こぼさずに口に持っていくことができます。箸を使いたがるようになりますが、まだ上手ではありません。

食事の自立に伴い、食欲も安定し、一人でほぼ上手に食事ができます。苦手な食材も他の子が食べているのを刺激を受けて食べようとすることもあります。しかし、食事中に立ち上がる、スプーンなどを振り回すこともまだ見られます。食事は、みんなと一緒に楽しめるようになりますが、おしゃべりが盛んになり、つい食べることを忘れてしまい食事時間が長くなります。周りの人に迷惑をかけないマナーも少しずつ教えていきます。食卓を拭いたりする簡単なお手伝い等の責任を持たせると喜びます。

四歳児頃

多少かたさがある食材もしっかり噛んで食べられるようになります。料理や食材の名前も覚えるようになります。食事をよそったり、正しい配膳を知り、食事の準備に興味を持ちます。食材がどのような役割を果たしているかを説明すると、理解して興味を持ちます。食事中は座っていること、お茶碗を持って食具で食べるなどのマナーも守れるようになり、お互い気持ちよく食事をすることを身に付けていきます。箸の持ち方を教えると少し使えるようになります。

五歳児頃

大人とほぼ同じ大きさ、かたさのものが食べられるようになります。多くの食品を様々な調理方法でバランスよく食べるようになります。友達と協力して食事の準備や調理体験を通して、食の知識や興味が高まります。言葉による表現も豊かになり、食事の感想を話して気持ちを共有したり、自分とは違う意見があることを理解します。食べられる適量がわかり、決められた時間内にほぼ食べ終わるようになります。箸を使って食べる子が増えますが、うまく使えない場合は、指を使う遊びを通して練習させるなどの工夫をします。出された食事を食べるだけでなく、栽培者、調理者にも興味を持ち、感謝することができるので、調理する人、地域の人との交流も大切です。調理体験を通して、友達と協力して材料を準備したり、調理することから、喜びや達成感を味わい、挑戦する気持ちや協力することも学びます。

3　食育実践の例（指導計画）

⬇表4

三歳以降になると子どもたちが主体となり、様々な食育活動が可能になります。日案を立てる際には、今までの活動と関連させることが重要です。それまで子どもたちが試行錯誤して育てた作物を、今度はみんなと力を合わせて調理します。けがや事故、衛生面には

表4　5歳児　食育実践計画・振り返り例

関連する今までの活動	・夏に収穫できる野菜の説明をする。栽培する野菜を子どもたちで決める。 ・わからないことは、誰に相談するか子どもたちと保育者で考える。 農家に畑の作り方を教えてもらう。ミニトマト、ピーマンを育てる。農家に虫の駆除方法を教えてもらう。水やりに使うじょうろを手作りする。草取りをする。 ・収穫した野菜から何を作りたいか子どもたちで決める。 ピザトーストを作ることが決定したので、給食担当者がピザソースを子どもの目の前で作って見せる。		
ねらい	収穫した野菜を調理し、食べる体験を通して、食べ物に興味を持つ		
主な活動	ピザトーストを作る		
プログラム	**子どもの行動**	**保育者の対応・留意点**	**調理職員の作業と対応**
前　日	野菜を収穫する ピザトーストの作り方を知る	・収穫方法を説明し、かごに入れ、給食室で保管してもらう ・作り方を説明する	・収穫した作物の感想を伝える ・レシピの作業工程は写真や紙芝居などで説明を掲示する ・材料、調理道具の準備 ・衛生面、けがの注意点など保育者と確認する
9：30	・準備 エプロン、三角巾をつける、手を洗う 説明や注意点を聞く	・子どもの健康チェックと着用確認 ・材料、調理道具、調理手順の確認 ・調理道具の使いかたなど、注意点を説明する	・調理道具の消毒 ・材料の準備、保存
10：00	・野菜を洗う ミニトマトはヘタを取ってから洗う	作業する順番などを指示する	
10：20	食材を切る手本を見学する	・様子を見守る、声がけ ・手伝う	・包丁で切る手本を見せる ・様子を見守る、声がけ ・温かいうちに食べられるようにする ・包丁を片付ける
10：30	ミニトマトは半分に切る ピーマンのへたや種をとり、8等分に切る		
10：40	ハムと食パンを4等分に切る		
11：00	食パンにピザソースを塗る パンに具材をのせる オーブントースターにパンを入れる		
11：30	試食し、感想を述べる 片付ける	・収穫体験、調理体験などについて聞く ・命のつながりについて気づかせる	
記録・分析	写真、ビデオなどで記録する 子どもの言葉や表情、子どもの反応について、プログラムの流れごとに記録する 保育者、調理職員はどのように関わっていたか記録する 子ども一人ひとりの特性など観察したことを記録する		
保護者との連携	写真と子どもの反応などをまとめて掲示する お迎え時に話題に取り上げ、意見を集積する 後日、子どもの感想を保護者からも聞く		
評　価	観察、写真、ビデオから子どもはどのように反応し変化していたか 栽培、収穫、調理体験は子どもの発達に適していたか ねらいは達成できたか 保護者に内容を伝えることができたか、保護者がどのように食育内容をとらえたか、家庭内で話題となっていたか		

（筆者作成）

十分配慮した計画を立てます。保育者または調理職員というように多職種の役割を確認しながらまとめます。記録や分析、保護者との連携、評価を行い、次の参考にしたり改善に活かします。

〈参考文献〉

・五十嵐隆監修『授乳・離乳の支援ガイド（2019年改定版）実践の手引き』公益財団法人母子衛生研究会、二〇二〇年
・太田百合子・岡本依子監修『0-5歳児　食育まるわかりサポート&素材データブック』学研教育みらい、二〇一七年
・乳幼児食生活研究会編集『幼児の食生活　その基本と実際』日本小児医事出版社、二〇一〇年
・巷野悟郎・向井美惠・今村榮一監修『心・栄養・食べ方を育む乳幼児の食行動と食支援』医歯薬出版、二〇〇八年
・堤ちはる・土井正子編著『子育て・子育ちを支援する　子どもの食と栄養』萌文書林、二〇二一年
・太田百合子・堤ちはる編著『子どもの食と栄養　第2版　保育現場で活かせる食の基本』羊土社、二〇二〇年
・汐見稔幸監修『イラストたっぷりやさしく読み解く保育所保育指針ハンドブック　2017年告示版』学研教育みらい、二〇一七年

Column

保育・食育の楽しさの「見える化」

くらき永田保育園園長　**鈴木八朗**

◆「給食室から保育する」という発想

食育を単発に切り取られた単元的なものではなく、横断的に総合的にしていくために欠かせないのが職種間の連携です。昔から保育士と栄養士・調理員の連携の大切さは言われてきましたが、「離乳食の進め方」や「アレルギー児の対応」といった安全・衛生・事故防止の観点からの連携のウエイトが高かったのではないでしょうか？

保育計画の中に食育を位置づけていくことを考えるときには、もっと大きく「保育の質を高める」ためにどのような連携をすればよいか考えてみたいと思います。

まず、大切なのは、給食室の職員も「保育の現場」

給食室の先生と子どもたち

の職員として意識を持ってもらうことだと思っています。栄養価の高い、バランスのとれた食事を適温適時で提供することの保育的な意味合いを理解することも大事ですが、もっと「給食室から保育する」「給食室の保育計画」といった意識を持つことをお奨めしています。

くらき永田保育園で起こった何気ない連携の一場面を紹介します。給食の食材を搬入してくれる農家さんの家に赤ちゃんが生まれました。おめでたい話なのに浮かない顔の農家さんに話を聞くと、「ママが手伝ってくれないと仕事が大変だ」とのこと。この話を給食室の先生が子どもたちに伝えてくれました。すると「お手伝いをしてあげるよ」と言って、大根の種取りの仕事を請け負うことになり、そして、ちいさな手で丁寧に集められた種がビンいっぱいに集まりました。それに感激した農家さんはお礼にと言って、「たくさん実ったから保育室に飾って！」と麦の穂の束をプレゼントしてくれました。子どもたちはネコジャラシにも似た麦の穂に興味津々。それを見ていた給食室の先生が「みんなが飲んでいる麦茶はこれから出来ているんだよ」と言って、麦をフライパンで煎って麦茶を入れてくれました。その香りは最高でした。保育士と子どもたちは、「麦茶屋さんをひらいてママやパパにおいしい麦茶を飲んでもらおうよ」ということになりました。

保育園生活の中では食に関する様々な出来事があふれています。その中で、子どもたちの興味関心を職員間で共有し、保育士や栄養士、調理員といった立場から保育として何ができるか考えていく。それが食育の連携ではないでしょうか。

◆食育で保護者を巻き込む

保育園の職員にとって苦手な保護者が二通りあります。「保育生活に無関心な保護者」と「何でも詮索してくるタイプの保護者」です。全く違ったタイプの保護者のように見えますが、私から見ると同じ課題を抱えている存在に見えます。それは「保育の楽しさが見えていない」ということではないでしょうか。

くらき永田保育園では「保育の見える化」で保護者を巻き込むようにしています。そして、「見える化」の中でもポイントとして伝えたいのが、「保育の課題を保育園だけで解決しない」というスタンスです。

例えば、大豆をテーマに保育をしていたときなどは、保育園で子どもたちと「大豆を育てる」ことも行いましたが、並行して「大豆の里親になってもらえませんか！」と保護者にアナウンスしたところ、七割くらいの方が協力を申し出てくれました。最初は「エダマメができたら家でビールのつまみに喰っちゃうよ」と言っていたパパたちが、途中から「娘と大豆を育てる時間をもう少し長くとりたいので、枝豆は食べずに大豆になるまで育てたいと思います」といったお手紙をもらったり、また、「自宅では全く食べなかった豆の料理を食べてくれるようになりました」といった感謝の言葉が聞かれたりするようになりました。保育園が行ったことは、保護者に「一緒にやりましょう」と声をかけただけです。難しいことなど考えずに、正直に保護者に保育園でやりたいことや保育園の困り感を伝えていくことが、保護者を巻き込む一番の近道だと感じています。

「保育の楽しさの見える化」で、保護者とともに食育を

◆食育で地域も巻き込む

保護者を巻き込むことにも共通していますが、「保育の課題を保育園だけで解決しない」で、保育園の困り感や「○○できれば、子どもたちに○○ができるんです」といったお願いや依頼を発信するスタンスは、地域社会とつながる上でも今後、重要度を増してくるように感じています。特に社会福祉法人が運営する保育園などでは、地域に対し公益的な活動をしなければならないことになっていますが、忙しい業務に加えて別枠で地域福祉の

サービスを提供していくことは困難だと思われます。であるならば、保育園のニーズと地域のニーズの共通項を探し出し、協働して何かを解決していく中で、地域の環境を醸成していけたら最高です。

保育園でこんなことがありました。農家さんと子どもたちにおコメの大切さを伝えていきたいという雑談をしているときに「この辺のお米農家さんは後継ぎがおらず、耕作放棄地なども増えている。景観もきれいでないし、人もどんどん減って活気が無くなっている」とのお話を聞きました。一方、保育園ではこじんまりとバケツで稲を育てたりといった活動をしていました。それならば、「保育園で食べる給食のお米はすべて、子どもたちが育てます」ということをやれないだろうかと相談を持ち掛けたところ、農家さんは二つ返事でOKと言ってくれました。トイレ、移動手段、管理、指導者等々の課題や問題が頭をよぎりましたが、様々な人たちの助けがあって、田植えから稲刈りまで体験することができました。「保育園のやりたい」が、地域の人たちを動かし、今まで関係のなかった人たちのつながりをつくってくれた一つの事例です。

STEP

3

「食」をとおして育つ子どもとおとな

1 食育と保護者支援

一般社団法人親と子どもの臨床支援センター代表理事　帆足暁子

1 食育は「親と子ども」の支援がセット

食育は、生活をしながら「食」に関する知識と、バランスのよい「食」を選択する力を身に付け、健全な食生活を実践できる力を育むことです。

食育によって身に付けたい「食べる力」には、食事を通じて「心と身体の健康を維持できること」「食事の重要性や楽しさを理解すること」「食べ物を自分で選択し、食事づくりができること」「家族や仲間と一緒に食べる楽しみを味わうこと」「食べ物の生産過程を知り、感謝する気持ちを持つこと」などがあります。

これらは大人が食育の意識を持って、子どもとの生活の中に自然に取り入れていくことで、子どもの心の中に育ちます。ですから、親が生活リズムを整えて、毎日の食事の時間を一定にしたり、時には子どもと一緒に献立を考えて一緒に調理をしたりするような普通の生活の中に、食育の要素があることを知ってもらうことが大切です。

そのために保育現場でも様々な活動を通して、園生活の中で、子どもに豊かな食育体験ができる活動を取り入れています。給食の献立に入っている食材を知ったり、それらが体のどのエネルギーにつながるかを色分けしたゲームにしたり、食事をバイキング形式にして自分の食べる量や傾向に気づけるようにします。また、園でプチトマトなどの野菜を育てたり、サツマイモ掘りの行事をしたりして、収穫した野菜を使って調理もします。このような活動をクラスだより等で食育とつなげて紹介することで、家庭における食育の視点をも育んでいます。

2 忙しい親、わかっているけれどできない親へのねぎらいと具体的支援

変わりつつある日本の社会の中で、家庭における孤食や個食、栄養の偏りや不規則な食事などによる肥満や生活習慣病の増加、過剰なダイエット、そして食品ロス等が問題として取り上げられ、食育の大切さが広まってきています。保育現場でもそれを受けて、食育について、親にも子どもにもより理解しても

らおうとしています。

もちろんそれは大切なことなのですが、家庭や親の状況に配慮はされているでしょうか。子どもが健康で幸せに育ってほしいという願いを多くの親は持っています。バランスの取れた食事、楽しい食卓を提供しようと思っても、仕事で疲れきって帰ってきたときは、子どもの食育に費やすエネルギーがなくなっていることもあります。経済的に生活が厳しくてバランスよく食材を買うことができないときもあります。

食育が大切なことは、園からの情報や社会メディアから発信される情報で、親もわかっています。わかっているけれど、それができない、これほど親としての自信をなくし、自己否定に陥らせることはないのです。

保育者は、まず親を信頼し、もし食育の面で

好ましくない関わりを親がしているとしても、そのような親の状況や思いを理解しようとする姿勢が大切です。そして、それぞれの親の状況に配慮した実現可能な提案をします。例えば、「家庭でできる食育のヒント」を園で作成し、そこに具体的な食育も記載します。そして、連絡帳で、どのメニューならやってみたいか、できそうかを親と一緒にやりとりしながら一つ決めてみます。「朝食の時間を一定にすることならできそう」という親であれば、それだけでも食育ですし、もしできなかったとしたら、どういうときにできなくて、どのようにしたらできるかを一緒に考えて、解決方法を一緒に見いだすことが、食育を実践する現実的な支援になります。

3 地域支援の役割

保育士は、平成一五年一一月の児童福祉法改正により名称独占資格として規定され、国家資格となりました。そして、在園児の親の子育て支援だけではなく、在宅で育児をしている家庭への支援や、地域での子育て支援も保育士の重要な役割となっています。

保育所保育指針においても、子どもの食に関する営みを豊かにするためには、園だけではなく、家庭と連携して食育に関する取り組みをしていくことの必要性を指摘しています。さらに、食を通した地域の子育て家庭への支援の必要性についても示されています。

子どもの育ちの中で、「食」に関連する悩みは大きく、離乳食の作り方や栄養のバランスへの不安、食事量、食事マナーなどのしつけと言われる内容等まで幅広く見られます。食をめぐる子どもとの対立は、「食」が子どもの命や成長を保障することにもつながるために、親を心配させ、疲弊させます。地域の子育て家庭への支援として、園が中心となって、食の正しい知識や子どもの発達についての理解を深められるように関わり、子育ての不安が軽減されることを通して、家庭や地域における養育力の向上につなげていくことが期待されています。地域に開かれた保育園としての機能を担うために、調理室等を活用し、食に関する相談や支援を行うことも意義があるとされています。保育園が子育て拠点となり、地域の子育て家庭の親に保育園に来てもらって、離乳食の作り方を共有したり、野菜を育て、収穫した野菜を使ってのクッキングなど、園で実践している食育体験をしてもらったりすることで「食育」に触れ、興味・関心を持ってもらうこともできます。

また、園の行事に参加してもらって、在園児と一緒に楽しむことも、地域に根ざした保育園としての役割を定着させることにつながります。近隣の公園への園外保育のイベントにお弁当を持参してもらっての参加では、ランチタイムがお互いの様々な食材に出会うチャンスにもなりますし、家庭児の子どもにも園のお誕生会に参加してもらうことで、たくさんの人にお祝いをしてもらえる嬉しさと一緒に食べる楽しさをも体験することができます。

かつては、地域社会の中で子どもたちは守られ育てられていました。しかし、近年、核家族化し、地域社会が分断され、家庭の子育ては孤立してしまいました。保育園が保育・育児の専門職として、家庭の子育てをも包括しながら、地域支援を行っていくことが求められています。保育園児も家庭児もその地域の中では多くが同じ小学校に就学します。「食」を通して地域の親支援を実践することが、その地域全体の子育て支援となり、かつてのように、親も子どもも地域社会で守られることが期待されています。

2 高め合う気づき合う保育者の学び

くらき永田保育園園長　鈴木八朗

1 食育計画は誰が決めるのか？

理念的には保育士と栄養士が連携し、みんなで計画を作るというのは頭ではわかります。しかし、これは簡単ではありません。例えば、「野菜の栽培」をして、それを調理して食べようという計画を立てるだけでも、「どんな野菜を育てるの？」「どうやって育てるの？」「子どもはどんな仕事をするの？」「収穫量が少なかったらどうしよう？」などなど、保育のねらいとして考えねばならないことがたくさん登場します。さらに育てたものを調理して食べようということになれば、衛生面や安全面など配慮しなければならないことも多く、「保育士と給食室で連携して」とは言っても、「どうやって話し合いの時間をつくればよいのだろう」、また、「最終的にどのように決定すればよいのだろう」といった問題も発生するのが現場です。この煩わしさが食育計画を立てる上でネックになっている園は多いのではないでしょうか。

では、平成二九年告示の保育所保育指針でも求められている「全体的な計画」の中に「食育計画」を位置づけるためには、どのような工夫が必要なのでしょう。

2 「保育所における食事の提供ガイドライン」を参考に！

食育活動に力を入れたいと考えていたくらき永田保育園では、様々な食育に関する行事を実施してきました。しかし、その中で「イベント化しただけの食育活動にしないで日常を大切にした食育活動にした方がよいのではないか」「食育活動は部分を切り取るのではなく、保育計画の中で食育を考えられるようにならないか」といった意見をもとに、「食育計画」の作り直しを行いました。そのときに参考になったのは、「保育所における食事の提供ガイドライン」（平成二四

年、厚生労働省）の中でも言及されている「楽しく食べる子どもに～保育所における食育に関する指針～」（平成一六年、厚生労働省）が掲げる五つの子ども像です。

保育園で行う食育において一番大きな目標は、将来的な「食を営む力」の育成に向けての基礎を培うことだということを職員全体で再確認し、

① お腹がすくリズムのもてる子ども
② 食べたいもの、好きなものが増える子ども
③ 一緒に食べたい人がいる子ども
④ 食事づくり、準備にかかわる子ども
⑤ 食べものを話題にする子ども

これらの五つの姿が保育計画の中でどのように反映されているのかの点検を行いました。

具体的な方法としては、今行っている様々な食育活動が上記の五つの姿とどのように関連づいているのかを模造紙に書き起こし、目に見えるようにして職員間で自分の園の食育を改めて共有してみたところ、様々な気づきがありました。

3 保育における食育で大切にしたいこと

くらき永田保育園園長　鈴木八朗

1 乳児期の食育活動の視点

乳児期の食育を考える上で大切にした視点は「お腹がすいた時間に、その子に合った形態の食事が、その子に合った食具などで提供されているか」ということです。朝七時に登園する子どももいれば、九時くらいに登園する子どももいる——当然、睡眠の時間も食事の時間も発達も人それぞれ、その違いを当た

1歳児・ある日の給食風景

り前ととらえ、一人ひとりのお腹がすく時間、排泄の時間、睡眠の時間を確認していくことが乳児の食育計画の第一歩だと考えています。園の事情を家庭に合わせるのではなく、子どものお腹のすくリズムや睡眠のリズムを保育士・給食室・家庭が共有し、子どもが戸惑わないようにリズムに合った食事を提供していく。お腹がすいたら大好きな人と食事ができる安心感と幸せを日々の繰り返しの中で感じてもらうことこそが、乳児期の食育の基本と考えています。

この当たり前の毎日を保障していくために、食事介助の意味や具体的な方法が書かれたマニュアルや子どもたちの生活リズムの変化がわかる表などが必要になってきます。このように目に見えるモノ・カタチになることこそが食育計画につながると思います。

次に、一・二歳児の食育計画を立てる上で大切にしていることは、「食べ物への興味の芽を育てる」という視点です。一歳児になると食べ物に興味関心を持ち、見て、触って、味わい、自分から意欲的に食べようとする姿が見られるようになりますが、一方、気分によって食べなかったり、初めての食材に対し拒否したりといった行動もよく見られます。また、手づかみやスプーンを使っての食事も、発達的な要素以上に、「食事への意欲」を第一に考えることが大切だと思います。

「食事への意欲」を促すために二つのポイントがあるのではないでしょうか。一つ目は

「野菜や魚など素材との出会い」の場をつくり興味関心を高めること。二つ目は、「できることは奪わないこと」です。保育者はきれいに完食することをついいめざし、必要以上に介助したり、口うるさく指導したりすることで、食事が楽しくないものになってしまっては本末転倒です。

カワハギを触ってみる

じーっと煮干し観察

2 幼児クラスの食育活動の視点

3歳以上児クラスになると「野菜を育てよう」「クッキングに挑戦しよう」「買い物に行こう」など、子どもの食の関心が高まれば高まるほど活動のバリエーションが増えてきます。そのときに多くの食育活動を実践したいという園の方針や保育士のやる気がマイナスの方向に働くこともあります。行事でも同じことが起こりうるのですが、たくさんの食育プログラムを「ただこなすだけ」になってしまい、折角経験したことが子どもの中に残らないといった事態が生じることがあります。

前向きな想いから生ずる課題なのですが、押さえておきたいポイントがあります。それは、「食育活動は単発に切り取られた単元的なものではなく、横断的に総合的に様々な園生活とのつながりの視点を持つこと」だと思います。大豆というテーマ一つにしても　味噌・納豆・きな粉・しょうゆなどとのつながりを子どもが感じられるようにするにはどうすればよいのだろう。そのためには、枝豆を育てたり、お散歩でカラスノエンドウなどの種を見つけてみたり、絵本で『そらまめくんのベッド』などを読んでみたり、節分の豆と関連付けたり――その過程の中で、触れたり、つまんだり、食べたりが加わると、子どもの中での認知や記憶が深いところまで浸み込んでいくのがわかります。

平成三〇(二〇一八)年度から新しい保育所保育指針、幼稚園教育要領、幼保連携型認定こども園教育・保育要領が施行され、保育所や幼稚園、認定こども園という場所が「教育のスタート機関」と位置付けられました。その教育とは、大人からの一方通行によるものではなく、子どもの生活と子ども自らの興味関心を基本とするものです。これらを基本とする「食」を通した「主体的・対話的で深い学び」は、まさしく、アクティブ・ラーニングであり、今後ますます注目されることでしょう。

平成三〇(二〇一八)年度から施行となった保育所保育指針、幼保連携型認定こども園教育・保育要領については、〇・一・二歳児の保育の重視とそれに関係する「養護」が強調されたことと、教育施設として「学び」を保障していくことが改定の重要なポイントだと考えています。

まず、養護を考える上で「食が適切に与えられているか」「様々な体験があるか」「適切な言葉かけが行われているか」などといったキーワードは、まさしく「保育の中の食育」で考えていくことが大切です。私が大好きな大正時代の教育学者、倉橋惣三は「幼児教育機関の〝教育〟は、小学校の教科学習とは違い、常に前提として保護が必要なのだ。それを明確にするために〝保育〟という言葉を学校教育法の中で正式に使おう」と提案したといいます。

時代が変わり、〝教育〟の考え方も変化していますが、「食を通した学び」の価値は今後ますます重要になってくるのではないでしょうか？

また、同じく改定保育所保育指針には、「(三つの)資質・能力を一体的に育む」という文言があり、改定の最も大事なポイントと言われています。〝資質〟は様々な経験によって磨かれ、また、〝能力〟は獲得した知識や感覚を結び付け、必要な場面で活用することで意味を持ってきます。これらのことを考えていく、「食」を保育の中心に置いて計画を立てていく意味や意義が明確になってきていると思われます。

みんなで料理の下ごしらえ

執筆者一覧

●編著者
堤　ちはる（相模女子大学栄養科学部健康栄養学科教授）

●著　者
堤　ちはる（上掲）　STEP1-1・2
田村文誉（日本歯科大学口腔リハビリテーション多摩クリニック口腔リハビリテーション科長・教授）　STEP1-3-1
笹田　哲（神奈川県立保健福祉大学リハビリテーション学科長・作業療法学専攻教授）　STEP1-3-2
帆足暁子（一般社団法人親と子どもの臨床支援センター代表理事）　STEP1-3-3、STEP3-1
川原亜友美（杏林大学医学部小児科学教室医員）　STEP1-3-4-①
成田雅美（杏林大学医学部小児科学教室教授・診療科長）　STEP1-3-4-①
長谷川実穂（昭和大学医学部小児科学講座管理栄養士）　STEP1-3-4-②
藤井葉子（広島市西部こども療育センター管理栄養士）　STEP1-3-5
鈴木八朗（くらき永田保育園園長）　STEP1-Column、STEP2-Column、STEP3-2・3
太田百合子（東洋大学非常勤講師）　STEP2-1・2・3

●本文イラスト
わたなべ ふみ

●編著者プロフィール

堤　ちはる（つつみ・ちはる）

相模女子大学栄養科学部健康栄養学科教授
日本女子大学家政学部食物学科卒業、同大学大学院家政学研究科修士課程修了。東京大学大学院医学系研究科保健学専門課程修士・博士課程修了。保健学博士。管理栄養士。青葉学園短期大学助教授、日本子ども家庭総合研究所母子保健研究部栄養担当部長等を経て、現職。厚生労働省「保育所における食事の提供ガイドライン作成検討会」座長、「社会保障審議会児童部会保育専門委員会」委員、「授乳・離乳の支援ガイド改定に関する研究会」委員等を歴任。近著に『図解でよくわかる 新・食育ガイドブック』（メイト、監修）、『小児科外来や乳幼児健診で使える食と栄養相談Q＆A』（診断と治療社、共編集）、『子育て・子育ちを支援する 子どもの食と栄養』（萌文書林、共編著）ほか。

イラストBOOK たのしい保育

「食」をとおして育つもの・育てたいもの

令和３年12月30日　第１刷発行
令和５年５月１日　第２刷発行

編　著　堤　ちはる

発　行　株式会社ぎょうせい

〒136-8575　東京都江東区新木場1-18-11
URL：https://gyosei.jp

フリーコール　0120-953-431
ぎょうせい　お問い合わせ　検索　https://gyosei.jp/inquiry/

〈検印省略〉

印刷　ぎょうせいデジタル株式会社

ISBN978-4-324-10995-3
（3100552-01-006）
〔略号：たのしい保育（食）〕